学校に作業療法を

「届けたい教育」でつなぐ
学校・家庭・地域

仲間知穂
こども相談支援センター
ゆいまわる 編著

クリエイツかもがわ
CREATES KAMOGAWA

Prologue

はじめに

「先生が自信をもって教育ができれば、障がいの有無にかかわらず、すべての子どもたちは必ず元気に育つ」

私が学校に作業療法を届ける活動を始めた２００８年当時、嘉芸小学校の校長だった平良瑞枝先生の言葉です。いま思えばこの10年間は、この言葉のもつ真意を学校現場で学び続ける日々でした。

子どもの診断名や特性、いじめや不登校といった社会問題、家庭との連携などさまざまな課題に板挟みになっている先生たちが、「自信をもって教育ができる」とはどういうことなのか。やりたいのにうまくできない毎日に、身体的・精神的に苦しい状況に追い込まれている子どもたちが、「障がいの有無にかかわらず健康に育つ」とはどういうことなのか——。

これらの問いに、先生と保護者、子どもたちと向き合い続けてたどり着いた１つのスタイルが、「届けたい教育」に焦点を当てる学校の取り組みでした。Ｐａｒｔ １は、この「届けたい教育」をチームでかなえる先に何が見えてくるのか、６人の子どものケースを通してまとめています。事例の掲載にあたって、それぞれの保護者の許可をいただきました。ご理解とご協力に感謝いたします。子どもと先生、保護者と共に取り組んだ実践は「ゆいまわる」の学校作業療法にとって、最高の羅針盤であり、指導的役割を果たしています。

そして、学校に作業療法を届ける活動は、Ｐａｒｔ ２と寄稿コラムのように多くの人たちの理解と協力、教えをもとに学校に貢献できる形へと育っていきました。

学校訪問を始めた頃、私は作業療法士という「専門家」として貢献しなくてはいけないという使命感から、先生に苦しい思いを強いていました。専門家を脱いだら何が残るのか。その答えも「届けたい教育」のなかにあったと感じています。専門家という呪縛を解いて見出した、学校現場で本当に大切なこととは何かについて、Part 3にまとめ、Part 4、Part 5では子どもと保護者、先生の協働関係を築く目標設定、チームでかなえる情報共有について述べました。

地域の理解があってはじめてできる作業療法は、まだ認知度が低く、伝えていくことの重要性も感じています。Part 6では、そんな地域で活躍するさまざまな作業療法士と共に地域に伝えるとは、どういうことなのかをまとめ、伝わった先の社会で期待される作業療法について実際に動き出している沖縄の取り組みをPart 7で説明しています。

障がいや問題と感じる行動ではなく、先生の「届けたい教育」に焦点を当て続けたことで、その影響は、その子自身の成長にとどまらず、人と社会（環境）が変化し続けるプロセスとして、その子とともに生きる社会にも広がっていきました。そこに障がいという言葉はいらないのだとわかりました。

「届けたい教育」を通して、子どもその子に関わるすべての人の健康に貢献できるために、学校に作業療法が導入されることを願っています。

障がいという言葉のない学校をつくりたい

その思いをこの本に託しました。

2019年2月25日

仲間知穂

CONTENTS

COLUMN

《本書執筆にあたっての参考文献》

1. エリザベス・タウンゼント、ヘレン・ポラタイコ編著、吉川ひろみ・吉野英子監訳『続・作業療法の視点——作業を通して健康と公平』大学教育出版、２０１１年
2. 吉川ひろみ著『「作業」って何だろう——作業科学入門』医歯薬出版、２００８年
3. Thelma Sumision 編著『「クライエント中心」作業療法の実践——多様な集団への展開』協同医書出版、２００１年
4. キャロル・ストック・クラノウィッツ著、土田玲子監訳『でこぼこ発達のこどもたち——発達障害・感覚統合障害を理解し長所を伸ばすサポートの方法』すばる舎、２０１１年
5. チャールズ・A・ラップ、リチャード・J・ゴスチャ著、田中英樹監訳『ストレングスモデル——精神障害のためのケースマネジメント』金剛出版、２００８年
6. 野口裕二著『物語としてのケア——ナラティヴ・アプローチの世界へ』医学書院、２００２年
7. 野口裕二著『ナラティヴの臨床社会学』勁草書房、２００５年
8. 荒川智、越野和之著『インクルーシブ教育の本質を探る』全国障害者問題研究会出版部、２０１３年
9. 清水貞夫編著『インクルーシブ教育への提言——特別支援教育の革新』クリエイツかもがわ、２０１２年
10. 石黒康夫、三田地真実著『参画型マネジメントで生徒指導が変わる』図書文化社、２０１５年
11. 加藤彰彦、上間陽子、鎌田佐多子、金城隆一、小田切忠人著『沖縄子どもの貧困白書』かもがわ出版、２０１７年
12. 仲間知穂、酒井ひとみ「幼児の作業の可能化を目指す幼稚園教員との協働的アプローチ」『作業科学研究』5（1）、45－51、２０１１年
13. 仲間知穂、平良瑞枝、友利幸之介、長谷龍太郎「特別支援教育における教員との協働的作業療法の実践」『作業療法』32：86－94、２０１３年
14. 仲間知穂、松村エリ、上江洲聖、友利幸之介「保育所等訪問支援における巡回型学校作業療法」『作業療法』37：４２７－４３３、２０１８年

Part. 1

子どもたちは、必ず元気に育つ

——実践事例から

Thema 1

みんなといっしょにできることを探して

仲間知穂
Chiho Nakama

1）常に支援員といっしょのナオトくん

ナオトくん（仮名・5歳）は、私が初めて学校訪問で関わった男の子です。その年に幼稚園に入園しました。ナオトくんはお母さんと登校し、幼稚園で待っていた支援員といっしょに朝の支度をします。朝の自由時間、子どもたちは楽しそうに園庭で遊びます。ナオトくんは小枝を持って、園庭の周囲を囲う柵をカンカン叩いて歩きまわっていました。

朝の会で先生が、子どもたちを集めてお話をします。その間ナオトくんは、教室のなかをグルグル走りまわりました。ナオトくんが困らないように常に支援員がそばにつき、給食当番など難しいことは支援員といっしょに見て過ごしました。

友達は、そんなナオトくんに話しかけるときは、いつもそばにいる支援員にしていました。

2 「ひょっとして自閉症？ 支援方法を教えてほしい」と先生

私が訪問したのは6月頃。この幼稚園は1クラスしかなく、28人の子どもたちを1人の担任と1人の支援員の先生がみていました。ナオトくんはほとんど話をせず、友達や先生が話しかけても反応せずに、いつも友達の輪から離れ1人で歩きまわっていました。

先生はナオトくんが自閉症かもしれないと考え、支援方法を学ぶために発達障害や自閉症の本を読み、飛び出してしまう恐れがあるため校門に鍵をかけました。支援員は生活全般に付きそいました。

校長先生に発達に関する専門家として紹介された私に、先生たちは「この関わりでいいのでしょうか」と相談し、ナオトくんが話をしないこと、友達と関わらないこと、集団行動ができないことから自閉症ではないかと考えていること、そして、発達障害の子どもに対する支援方法を教えてほしいこと、自分たちの支援に不安を感じていることを話しました。

3 母親、担任、支援員が、ナオトくんに本当はかなえたかったこと

学校で子どもたちと日々向き合うなかで、問題と感じる行動に悩んでいる先生にとって、それを専門家に解決してもらいたいと期待するのは自然な流れです。先生とお母さんの不安や悩みを聞いた私は、さらに先生が問題を感じる背景について、聞いていきました。それは、その子に「こうなってほしい」「いまのうちにこんなところを伸ばしてあげたい」という、先生の教育の思いを知りたかったからです。

「先生、お母さん、いろいろと心配や問題を感じることはあると思いますが、いっしょに子どもたちにど

んなことができてほしいのか、どんなことを育てたいのか、みんなで考えませんか？」

お母さんは次のように話しました。

「ナオトはこれから先（いろいろなことができるようになるには）友達の助けが必要になる。地域の子どもたちとともに育つなかで、友達を意識し、助け合う経験をさせたい。友達といっしょに生活させたい」

担任の先生は次のように話しました。

「いまは支援員がすべてをやっていて、友達はナオトくんとまったく交流をもてていない。でも本当は、ナオトくんのことをとっても気にしているんです。支援員とではなく、友達といっしょにいろいろなことを経験させたい。友達とナオトくんが互いに意識し合い、協力できるクラスをつくりたい」

みんなで希望や期待を話し合うなかで、ナオトくんに「届けたい教育」の目標ができ上がりました。

目標「キリングループの一員として掃除に参加できる」

4 どうしてできないのか、どうしたらできるのかを知るための評価

〈ナオトくんが困っていること：問題点〉

・ナオトくんは掃除のとき、自分がどこを掃除するのかわからず、準備を開始することができずにいました。

・雑巾やホウキなど、自分がどれを使っていいのか選ぶことも難しく、手伝いが必要でした。

・自分より大きなサイズのホウキは、どこを持っていいのかわからず、使おうとすると振り回してしまい、危険でもありました。
・床を拭くときは、「床」という広いスペースのため拭く範囲を特定できず、足元を少し拭くとすぐにやめてしまいました。

〈**ナオトくんがうまくできていること：利点**〉
私たちが学校生活を観察するとき、うまくできずに困っていることと同時に、できていることや子ども自身がしたいことも見えてきます。

・ホウキを振りまわすのは、決まって掃除の時間です。ナオトくんには「掃除の時間」という理解がありました。
・雑巾をわたすと力は弱く十分ではないものの、濡らして絞ろうとしていました（雑巾の使い方を理解している）。
・机などの拭く範囲が明確なところは、きれいに拭くことができました。
・先生が促せば素直に掃除をしようとします。
・ナオトくんが本当は掃除がしたいと思っていることは、先生も感じ取っていました。
・名前などで自分の持ち物を確認することはできませんが、緑色のものやピカチュウは選ぶことができました。

「グループの一員として掃除に参加できる」ことの実現に向けたチーム会議で、先生から次のような意見が出ました。

「確かに園庭でみんなが遊んでいるときしか園庭の遊具を叩かないし、ホウキを振りまわすのは掃除の時間だけ。帰りの会になるとみんなの周りをぐるぐるまわる。きっといっしょに参加したいんですね」

そして、ナオトくんのできることも活かした環境設定をしたいと語る先生の表情からは、笑顔がみられはじめていました。

5 「やりたい！」を引き出す環境づくりとやりがいが生まれた掃除

先生はナオトくんが、ホウキや雑巾を迷わず選べるように、ナオトくんの道具に緑のシールを貼って目印をつけました。また、どこを拭いたらいいのかわかるように、教室の床に1から12までの番号を貼りました。靴箱は一列ずつ掃除できるよう列ごとに同じ色のシールを張り、ホウキはナオトくんの身体より小さなものを購入しました。

ナオトくんは緑色のシールが貼られたホウキを自分で選び、掃除を始めます。はじめは頭の上に持ち上げようとしたホウキも、先生が2、3回掃くのを手伝うと、すぐに床を掃除できるようになりました。

その様子を見た先生たちは〝ホウキでゴミを集める〟という感覚がよりわかるように、新聞紙をちぎって教室の床に撒きました。ナオトくんは目に見える新聞紙のゴミを集めることを通して、床を掃くことを学びました。

床の拭き掃除では、番号を手がかりにスタート地点がわかったナオトくんが、1→2→3……と番号を追わず、1→12（ゴール）へ拭いて行こうとしました。

その様子を見て「違うよ。こっちだよ」と横並びで教えてくれたのは、同じクラスの女の子でした。広い床に貼られた1、2、3、4という数字をなかなか追って行けなかったナオトくんでしたが、その番号に最も反応したのは、同じキリングループの子どもたちでした。子どもたちが1、2、3……と規則正しく並んで拭く姿を見て、ナオトくんもその列に並んで拭き始めたのです。

時には12番のゴールから逆順に拭く子もいました。ナオトくんと逆順の子どもたちの雑巾同士がぶつかります。そのとき相手の女の子が「じゃんけんポン！」と言ってグーを出しました。ナオトくんはじゃんけんをしたことがなく、ちゃんと出せなかったのですが、ナオトくんの開いた手を見た女の子は「あ！負けたー」と言いながらナオトくんの後ろにつき、並んで拭き始めました。

じゃんけんゲームはその後も続き、先生もいっしょになって「じゃんけんポン！」が始まり、ナオトくんは自分の後ろに友達がついたり、友達の後ろに並んで拭いたりするこの遊びを楽しみ、何度もしていました。そして、この出来事が初めてナオトくんと友達が〝遊び〟を共有した瞬間でもありました。

6 掃除からつながる生活

ナオトくんがキリングループの一員として掃除に参加してから、子どもたちはみんな支援員にではなく、ナオトくんに話しかけるようになりました。自由遊びの時間、3人の男の子がナオトくんを誘って校庭に行き、鬼ごっこを始めたのです。

でもナオトくんは〝鬼〟が誰なのかわからず、ただ走りまわっています。それを見て、3人の男の子はナオトくんを手すりのある階段へ連れて行き、1人ずつ順番に走って降り始めました。ただそれだけの遊びでしたが、ナオトくんにとって初めて〝順番〟を待った瞬間でした。自分の前の友達が走り終えるまで待ち、そして自分が走り始めるという、相手に合わせて自分の行動をコントロールした初めての経験でもありました。

難しいかもしれないからとそれまで当番活動から外していたナオトくんに、先生は給食当番を経験させたいと考えました。そして子どもたちに「どうしたらいっしょにできるだろうか」と相談したのです。子どもたちは「牛乳だったらできるよ」と話し、初めての給食当番は牛乳係でした。

牛乳係からパン係へといろいろチャレンジしていくなかで、私が一番驚いたのは、ナオトくんの周りの子どもたちの協力でした。ナオトくんは「均等に盛ること」と「汁物など不安定な物をこぼさずにトレーに置くこと」がうまく理解できず、難しい様子でした。しかし、まったく問題にならなかったのです。それは、友達が「ナオトもっとよそって！」「ナオト少なくして。そう、もう1回！　OK」と、言葉で量を教えていたからです。トレーに関しては、待っているそばの子どもたちが、自分のトレーをナオトくんが置きやすいように差し出していました。

この子どもたちの対応は給食当番にとどまりませんでした。並ぶことを教え、力強く絞れない雑巾の絞り直しや今日の掃除当番がどこなのかを教え、ナオトくんができることから出発して遊びを発展させていくことなど、多岐にわたりました。

子どもたちの「相手を思いやる」その行動について、当時の先生たちも「ナオトくんのおかげで、子どもたちはとてもやさしく育っている」と話しています。当時、その様子を私も見ていました。子どもたちはナオトくんをサポートすることについて「誰がするか」などと話し合うこともなく、その場その場で、そばにいる友達が誰でもしていました。本当に当たり前の感覚のようでした。

その年の運動会はクラスリレーがありました。ナオトくんは校庭に引かれた白いラインがうまく理解できず、走るルートを把握できずにいました。クラスでどうしたらナオトくんもいっしょにリレーに参加できるのかを話し合いました。

子どもたちから「ナオトはピカチュウならわかるし、追っかけることもできるよ」とアイデアが出て、ナオトくんの前後に走る友達の頭にピカチュウの印をつけることが決まりました。ナオトくんは、他の友達よりかなり大まわりしましたが、ちゃんと前の友達からバトンを受け取り、次の友達にバトンをわたしてリレーに参加できました。

こうしてともに1年間育ったクラスメイトといっしょに、ナオトくんは隣接する小学校に進学しました。

私は当時ボランティアで訪問していたため、ナオトくんと関われたのはこの幼稚園の1年間だけでしたが、送り出す幼稚園の先生たちも、引き継ぐ小学校の校長先生も、お母さんも「安心して進学させられる」と話していました。ナオトくんの育ちももちろんですが、ともに育ち、ともに進学していく子どもたちがいるからだったと思います。

7 ナオトくんの小学校6年間の育ち

私がナオトくんに再会したのは、彼が小学校6年生になったときでした。その当時の教頭先生から、ナオトくんのこれまでの成長について聞きました。

ナオトくんの6年生の担任の先生からは、初めて出会ったときのことを聞きました。授業中にナオトくんが急に立ち上がり歩きだすのを見て、先生が座るように注意すると、クラスの子どもたちが先生に「ナオトに学ばせたいの？　座らせたいの？」と聞いたそうです。「学ばせたいんだ」と答えた先生に子どもたちは、「ナオトはあーやって歩くから考えられるんだよ。だから、学ばせたいならナオトが授業中歩くことは許可して。僕たちは気にならないから」と話したそうです。

「僕は体育会系で、ダメなことはダメだとはっきり注意してきました。この子どもたちに言われたとき、とても考えさせられました。ただ座ることよりも、何のためにそれをさせるのかと、子どもたちに聞かれたことで、自分の考えもとても変わりました」

このクラスが大きな問題もいじめなどもなく、とてもよいクラスであり、その育ちは、先生たちの努力と子どもたち、そしてナオトくんの存在があったからだという話でした。

8　人と社会が育つ輪

「キリングループの一員として掃除ができる」ということは、ただ掃除ができたか否かではなく、ナオトくんにとっては「幼稚園の一員として友達といっしょに活動に参加できたこと」であり、先生にとっては「グループで掃除するという教育が届いたこと」であり、友達にとっては支援員といつもいっしょだったナオトくんが「自分たちといっしょに掃除を、がんばる仲間としての出会い」という意味をもっていました。

取り組み前のナオトくんは、支援員の誘導に従い、幼稚園でクラスの友達が行っている掃除や朝の会には参加せず、周りをただウロウロ歩きまわり、幼稚園という場所にただ〝いる〟だけでした。当時の様子について、ナオトくんのお母さんは「友達に少しでも興味をもってほしい。あいさつだけでいいから、友達がかけてくれる声に反応してほしい」と話していました。
ナオトくんは友達に興味がなかったわけではありませんが、友達との接点のもち方がわからずにいました。ナオトくんは、掃除当番の活動を通して初めてクラスの友達とつながり、掃除だけでなく朝の支度、園庭遊び、教室でのお集まりなどの活動すべてが、幼稚園の一員として〝参加すべき活動〟と感じ取れるようになりました。
ナオトくんが、友達や幼稚園という社会とつながるために取り組んだたった1つの「キリングループの一員として掃除をする」という教育が、こうしてナオトくんの生活や人生に影響を与えていくこと、さらに教育でつながったナオトくんの友達や、参加していく社会にも大きな影響を与えていくことを、私自身がとても学ばせてもらった大切なケースでした。

「先生が自信をもって教育できれば、障がいの有無にかかわらず、すべての子どもは必ず元気に育つ」

平良瑞枝先生から教えを受けたこの教育の思いを抱き、初めて関わったナオトくんとの出会いで学んだことは、私自身がこれまで感じてきた作業療法のコンセプトや観点を覆すものでした。そして、いまの学校作業療法のベースになっています。

Thema 2

教室に「いる」から「参加」そして「活躍」へ

松村エリ
Eri Matsumura

1 「私はできないんじゃない、やらないの」

優奈さん（仮名）のお母さんと初めて面談したのは、沖縄ではもう桜が咲き始める2月頃でした。娘が書いたと差し出された絵本には、かわいい絵ときれいな字が並んでいます。自分のつらかった体験やそのときの気持ち、自分自身へとも読み手へともとれる励ましの言葉が、時系列に書かれていて、読み終えたときは胸に込み上げるものがありました。

「私のように困っている人を助ける仕事がしたい」

それが娘の夢である、とお母さんは話しました。

誰かの役に立ちたい、人を助けたいと思うやさしさをもち、こんなに丁寧な文字で素敵な絵本を描く子が学校でどうして困っているのだろう。そんな疑問を抱きつつ、3学期の終わりに教室を覗きに行きました。

優奈さんのいる4年1組で、みんなは学期末のまとめをするため、分厚いプリントファイルを開けて課題をしていました。それぞれの進捗状況に応じてページはバラバラのようです。

優奈さんは一番前の席で、プリントをただペラペラとめくり続けながら、不安げにキョロキョロと辺りを見回しています。結局、課題に取りかかることなく鉛筆や消しゴムでの手遊びが始まりました。

しばらくして先生が、課題を伝えようと優奈さんのプリントをさりげなくめくりました。でも先生が立ち去ると、関係のない漢字ワークを机から取り出し、ゆっくり丁寧に、繰り返し書いては消していたのでした。

別の日に覗いてみると、みんなといっしょに課題に取り組んでいる優奈さんの姿が見えましたが、何やら探しています。課題に必要な糊がないようです。筆箱、机のなか、カバンのなかを探しますが、その間に課題もどんどん進みます。

優奈さんは立ち上がり、教室後方のロッカーに向かいました。プリントや教科書が無造作に突っ込まれています。ところが優奈さんは、探している途中で目に入った物に注意が向き、違うことを始めてしまいます。結局、何をしに来たのかを忘れたのか首をかしげて席に戻り、そこからまた手遊びや落書きが始まるのでした。

音楽の時間、テストの答え合わせが始まりました。優奈さんは、先生の話をすべて聞いた後で間違った箇所を修正するので、どんどん遅れます。赤ペンで修正しようとしますが、今度はさっきまであったはずの赤ペンがありません。先生が近くにまわってくると、優奈さんはあわてて筆箱のなかのクーピーを手に取りました。

「優奈さん、いまは絵を描く時間じゃないのよ」

先生はやさしく指摘しましたが、優奈さんは赤ペンがなくて困っていることを伝えられませんでした。

優奈さんは、休み時間になると、友達と過ごさずに先生についてまわります。私の姿を認めると必ずやって来て、自分の絵のことや前日の出来事などをうれしそうに話します。話の合間に質問を返しても、気づいていないのか止められないのか返答なく話し続けます。そして、私の様子はほとんど見ることなく、大きくジェスチャーをしながら最後まで話し終えると、教室に戻っていくのでした。

2月の終わりに、先生は次のように話していました。

「この1年、優奈さんが教室にいることが目標でした。勉強させることも考えましたが、負担になるとも感じていました。朝は自分で教室に入れず、私が廊下に迎えに行っていっしょに後ろから入ります。休み時間も1人で過ごすか、私についてまわることがほとんどです。

授業中は席についていても手遊びが多く、字にこだわりがあって納得いく字が書けるまで繰り返し消しては書くので、時間内に課題が終わることがありません。支援員の先生が教えようとしても『明日やろうと思っているの』『できないんじゃなくて、やらないの』と言って拒むので、タイミングを図り、私がさりげなく声をかけるようにしてきました。

でも国語は得意です。板書をノートに書かなくても聞いて覚えているようで、質問にも答えることができますし、教科にかかわらず発表も好きです。当番などの役割も責任をもって取り組むことができるのです。

優奈さんは本や絵を描くことが大好きで、任された仕事に対して責任感もある。本当はみんなといっしょに学ぶ力があると思います。だから、みんなといっしょに教科書を出し、ノートを開いて板書を写せるようになってほしい。5年生ではもっている力を発揮し、学習にも取り組めるようになってほしいのです」

先生の思いを紡ぎ優奈さんに届けたい教育が形になりました。

〈優奈さんに届けたい先生の教育〉

・みんなといっしょに力を発揮し、教科書を出し、ノートを開け、板書を書き写しながら学習にも取り組めること。

2 安心して5年生を迎えるための情報提供

優奈さんも先生もお母さんも、みんなが安心して5年生を迎えるため、春休みに情報を共有する機会を設けました。次年度の担任として紹介された弘美先生（仮名）は、ベテランの力強さを感じさせつつも笑顔のやさしいすてきな先生でした。移動や引継ぎなどで学校の春休みはとっても忙しい。でも1人の生徒のために4、5年生の担任、教頭先生、特別支援コーディネーターの先生が集まる、そんな温かい学校でした。

〈「優奈さんがどうして授業に参加できないのか」の評価〉

・話を理解しているが、複数のことを記憶し、順序だてて課題に取り組むことや、優先順位を考えて行動することが苦手。
・先生の話に一生懸命耳を傾けるが、話を聞きながら書くという同時に2つのことを行うことが難しく、みんなといっしょにゴールができない。
・パっと目に見えたものに注意が向きやすく、やるべき課題を中断してしまい、今していたことに戻れない。

・整理整頓や物の管理が苦手で、必要なものを必要なときに揃えられず、授業の開始に遅れてしまう。
・困っていることを言葉や態度で表現できず、周囲にも気づいてもらえない。

「やるべきことはわかるし、本当はできることなのに……」

いくらがんばっても頭のなかはパニック、努力が結果に結びつきにくい優奈さんの心は不安でいっぱいでした。本当はみんなといっしょに勉強したい。心（感情）のダムが決壊しないよう「できない」ではなく最初から「やらない」を選択せざるを得なかったのではないか。不安をかき消すかのように書いては消していた彼女の姿は、教室にいるために安心と自信を取り戻そうとしているように見えました。

あわただしく4月が過ぎ、学校も少し落ち着くゴールデンウィーク明けの面談で、新しい目標「友達」が掲げられました。

先生やお母さん、大人の手から離れて友達の輪のなかに入ってほしい。相談したり共感したり、いっしょに遊んだりして友達と過ごせるようになってほしい。友達といっしょにいたい、いっしょに遊びたい、学びたいという気持ちを育みたい。そうしたらきっと教室で安心して過ごせるはず、SOSが出せるはず……。

こうして「みんなといっしょに学習に取り組める」と、新たに加わった「友達との交流」という目標に向けて、ゴングが鳴らされました。

3 みんなといっしょに授業に参加するための工夫

先生はいろいろな工夫を開始しました。

まず、記憶から消えても目で確認できるように、必要なページや大事なことは繰り返しゆっくり伝えながら、黒板に書いていきました。これで、聞き逃しても取り返すチャンスができました。

また、みんなが必要なものだけをまず机上に置くことで、全員が同時にスタートするようにしました。作業の工程を順序だてて説明し、見本を最初に提示します。途中で友達の課題や作品も紹介することで、何をすればよいのかがわかるようにヒントの雨をたくさん降らせました。

さらに、聞きながら同時に作業できない、ほかに注意が向きやすい優奈さんもみんなといっしょにゴールできるよう、各工程の1つひとつにスタートとゴールをつくりました。準備ができた人は手をあげる、板書を写し終わったらノートを上にあげる。これでまた、次のスタートがみんなできれます。そして、タイマーを使用してゴール地点を明確にしました。

苦手な「物の管理」に関しては、片づけるもの、片づける順番を全体に伝え、優奈さんには必要に応じてさりげなく声をかけて手助けをしました。時間内に終わらなかったときは、休み時間までつき合いました。最初はなかなかうまくいかない日々が続きましたが、みんなでショートゴールするという成功体験を積むことで、2学期の終わりには、個別の声かけがなくてもみんなといっしょにスタートし、ゴールできるようになりました。

4 友達がいない……

4年生の頃の優奈さんには、いっしょに遊んだりする友達と呼べる相手がいませんでした。それでも、友達が困っていると自分のことはさておき助けてあげようとする、そんなやさしい姿は5年生になっても変わりませんでした。そして、優奈さんの居場所が自分の席と先生の傍であることも変わりありませんでした。

〈優奈さんに届けたい先生の教育〉

- 先生や友達のサポートのもと、学校で安心して友達と交流できるようになる。

〈①「どうして友達と交流できないのか」の評価〉

- 「ねぇねぇ、何してるの？」「あ〜それ知ってる」といったきっかけをつくる声かけが苦手（自ら交流を生みだす）。
- 話し始めると「見る」「聞く」のアンテナが閉じてしまい、自己完結してしまう。一方的で、話し相手と情報や意見を交換することがない（対人交流に必要な会話のルールやキャッチボール）。
- 場面や相手の状況を読むのが苦手だが、うまく交流できていないことはわかるため、後味の悪さを感じて自信をなくす（対人交流に必要なアイコンタクトや適切な距離感、必要な相槌など）。
- 自分よりも相手の気持ちを優先し、自分の気持ちや困っていることを伝えることが苦手（感情表現や相手との意見の違いを適切な方法で表現する）。

〈②「友達との交流に活用できる強み」〉

- 友達に話しかけられると応じることができる。
- 自然な会話よりも掃除や給食当番など、何か共通の話題になる枠組みやツールがあると、友達と接点がもてる。

- やさしく、友達のために役に立ちたいと願っており相手の気持ちに共感できる力がある。
- 友達がほしいと願っている。

先生は、クラスのみんなが互いに思いやり助け合える、そんな関係づくりをめざしました。そのために、1学期は夏の宿泊学習に向けてグループ学習を中心にクラス運営をしました。

授業も給食も同じグループです。全員、互いに馴染みの薄いメンバーで構成され、対人関係もみんなが同じスタートを切れるようにしました。優奈さんのグループには安心できる友達を配置し、困っていそうなときに友達から声をかけられるよう配慮しました。それでも不安が消えたわけではありません。学校でがんばっている分、家ではパニックの日もありました。がんばり過ぎではないか、いつか崩れるのではないか、とお母さんも不安とたたかっていました。そして、その思いもみんなで共有していきました。

お母さんはいつも優奈さんに「お母さんも先生も、優奈に友達ができることを望んでいるんだよ」と伝えていました。そんな思いを受け取ったのか、ある日突然、優奈さんから友達に「いっしょに帰ろう」と声をかけることができました。

家では、友達と上手にコミュニケーションをとるための本を読むようになり、2学期には先生のはからいもありダンスチームにも所属しました。けれども、約束を忘れたり覚える内容を勘違いしたりして、友達にうまく思いを伝えられずに誤解され、家で爆発する日々が続きました。

家庭でフォローしながら、学校では先生が友達との仲立ちや仲裁に入り、交流経験を積むことができました。親友と呼べる相手はできませんでしたが、友達と関わることやいっしょに活動を共有することができ、友達との接点をつくれるようになりました。

5 成長がある限り課題はある、焦点を未来に向ける

1つの課題をクリアしても次から次へと新しい課題が降り注ぎ、そのたびに問題が発生しました。次の成長の扉を開けるための階段が待っているからです。友達との接点ができてきたからこそ、もめたり傷ついたりする問題が発生するのです。しかし振り返ると、そこには1人で休み時間を過ごす優奈さんの姿はなく、怪我をした友達に自ら肩を貸し、教室で飼っているハムスターを介した不器用な会話で誰かといっしょにいる、そんな姿を多く見るようになりました。

3学期に入ると、弘美先生は言いました。

「お母さん私、どうしても優奈に、自分の思いを友達に伝えられる力をつけたい。大人がいなくても自分たちで考えて、話し合い、助け合える力を育てたい。だからもしかしたら、お母さんごめんね、家でまたパニックになって大変かもしれない……。でもお母さん、協力してもらえないかな？」

お母さんは年度末で休みがなく、職場に優奈さんを連れて行く日もあって気持ち的にも余裕がないはずでしたが、笑顔で「もちろん」と答えました。

問題点ではなく、どんな力をつけたいのか、どんな姿が見たいのかをチームで共有し、その希望に向かってみんながまた動きだした瞬間でした。

こうして優奈さんは、友達との交流に課題はありつつも、授業に取り組む姿勢は見違えるほど成長しました。もう先生の声かけやショートゴールがなくても主体的に授業に取り組めるようになり、教室に「いる」から「参加する」5年生へと成長を遂げました。

6 参加するから活躍へ

優奈さんが6年生になってから私が訪問したのはたったの2回。休み時間、2、3人の女子グループのなかに、笑顔で話す彼女の姿がありました。

授業中は、困ったことがあっても先生に躊躇なく質問しています。理科の時間には実験結果について堂々と発表し、相手が納得するまで説明します。自分の意図はそうではないと発言する姿もありました。優奈さんを初めて担当した専科の先生は「優奈さん？　とても優秀ですよ」と笑顔で話しました。

そして、6年生の担任の先生も次のように話しました。

「実は授業中何も手がかからなくて、休み時間にはクラスのみんなが、彼女の書いた絵本に興味をもって集まったりします。絵が得意で有名な莉子さんも優奈さんのイラストをリスペクトしているんですよ。今度、学校の向かいの建物の壁に子どもたちに絵を描いてほしいと依頼が来ていて、うちのクラスからは彼女達にお願いしようと思っています。そうだ！　6月の運動会、優奈さんは実況中継担当になったんですよ、本人はやる満々です！」

先生は成長した優奈さんのこれからに思いを馳せ、うれしそうでした。

1つの願い（目標）がかなうと相乗効果があります。それは自信という心の盾を得られるからだと思います。先生の「届けたい教育」のバトンをつないだ後、優奈さんはゆいまわるを卒業しました。

Thema 3

本当はみんなと同じようにやりたいんだ

前原　優
Yuu Maehara

1 トラブルのなかのコウタさん

小学校3年生のコウタさん（仮名）は、授業が始まると机に本を3冊置き、「起立」の号令に耳も傾けずに読み始めました。

「教科書21ページ、ノートは昨日の続きね」

担任の先生の声にクラスの子どもたちはパラパラと教科書をめくり、鉛筆を用意し始めますが、コウタさんは表情一つ変えず読み続けています。

「勉強しないの？」

そう聞いた私に、彼はまたクールに答えました。

「なんで？　邪魔だから本を読んでいたほうがマシなんでしょう」

コウタさんは、もう授業に参加しようと思うことすらやめてしまったようでした。

先生の話では、彼は友達ともよくトラブルになるそうです。このクラスでは休み時間に、男の子同士が取っ組み合って力比べをするような遊びが流行っていました。

コウタさんはすぐに参加せずしばらく見ていましたが、勢いよく立ち上がると友達のなかに入って行きました。組み合った相手と力比べをしている間に、大きく振った手が友達のお腹に当たりました。友達はお腹に手を当ててしゃがみ込み痛がりますが、コウタさんはきょとんとしてその様子を眺めていました。

「お前、ワザとやったな!!」

「やってねーよ!」

怒る友達に、コウタさんが言い返していました。やがて休み時間が終わり、先生が入って来ると、周囲で見ていた友達が言いました。

「せんせー、コウタさんがワザとお腹を叩きました」

その友達の声に驚いた表情のコウタさんは、教室を飛び出します。

「コウタ! 戻りなさい。ちゃんと謝りなさい」

先生が呼びかけます。

「なんでやってもいないのに俺だけ!」

泣きながら怒りを込めたコウタさんの声が、廊下に響いていました。

コウタさんは日々トラブルが絶えず、彼にいじめられたと訴える子もいました。そんななか、なかなか謝れないコウタさんに、クラスの友達もどう関わっていいのかわからない様子でした。

2 両親と担任の先生の「届けたい教育」

みんなの思いを聞くチーム会議では、

先　生：彼が根から悪い子でないことはわかります。学校からも飛び出してしまうし、これ以上ほかの子とのトラブルが増えると、フォローができるか心配です。

お母さん：友達と仲よく遊んでほしい。まずはがんばって、授業を受けられるような態度をとってほしい。家で学習面のフォローをしたくても、板書をノートに写していないからフォローができないんです。

先生も両親も、コウタさんが本当はやさしい気持ちをもっていることや、やればできる力があることに期待はしつつも、日々の問題につながる行動の対応に追われ、どう進めていいのかわからず悩んでいました。

先生や両親から彼に対する思いを聞き、「届けたい教育」の目標の完成です。

〈小学校卒業までに〉学習や係活動など、クラスに期待されている活動にコウタさんが友達といっしょに参加することができる。

- 友達：休み時間や放課後に友達と安心して交流ができる。友達と遊べる生活を楽しみに思える。
- 授業・学習：学校での学習・宿題など先生と約束したことは、応援があれば、書く・読むなど習慣的に取り組むことができる。
- スケジュール（片づけ）：授業の開始・宿題など、すべきことを自発的に開始、または少しの声かけで気持ちを切り替え取り組むことができる。

3 みんなの目標をかなえるための評価と情報共有

① 社会の期待に向き合うことの不安（社会への不信感と不安感）

コウタさんは教室を歩くときや椅子から立ち上がるときに、机などによく身体をぶつけていました。歩いているときは、肩が友達にドンとぶつかることもよく見られました。

しかしコウタさんは、ぶつかっても何事もなかったかのように通り過ぎて行きます。つまりコウタさんは、自分の手や足がどんなふうに動いているのかを無意識に感じ取り、物や人との距離感をつかむことが苦手だったのです。そのため、お友達との距離感がつかめずに自分が手を大きく横に振って歩いていることにも、その手が横にいる友達に当たったことにも気づけずにいました。

手が当たって、友達が「コウタが打った！」と言われたり、先生に「謝りなさい」と言われたりするたびに、コウタさんは「自分がやったわけではないのに」と不安と悲しい思いをしてきました。

そのことでこれまで、「がんばっても周囲は認めてくれない」「自分はやったつもりがないのに自分だけ怒られる」など不安に感じることが社会（学校）で続き、コウタさんも「もう社会に向き合わない！」と気持ちを決めていたのです。

学習課題もその1つです。できる、できない以前に、そもそも自分を理解してくれない周りからの期待としての学習課題は「やらない」と決めていました。

② 期待に応えられるかの不安（自己肯定感の低さ）

「もう社会に向き合わない！」と決めている反面、本当はみんなの期待に応えたいと思っているようです。

しかし、学習課題に取り組む動作の難しさもあり、かつ経験から社会への不信感も抱くコウタさんにとって、正面切ってチャレンジできない様子です。

③学習課題に取り組むための動作の難しさ

コウタさんは座ると全身の筋の緊張が緩みやすく、覚醒を保つことがうまくできません。そのため45分間座り続けて授業を受けるためには、椅子をギコギコ揺らしたり、隣の子にちょっかいを出してみたりと、どこか体を動かしていないと頭がボーっとしてきてしまいます。コウタさんは椅子に座り続けるだけでもつらいようです。

さらに、一つのことに集中し続けることや同時に複数の課題に取り組むことができません。「教科書の30ページ開いて音読していくよ。そのあとは、黒板に書いてあるものを書いていってね」先生に言われてみんなが教科書を開いている少しの間に、教科書に落書きをして時間をつぶします。音読が始まると「今どこを読んでいるのか」を探すのに必死になり、音読を終えると思うと次は黒板の字を写すという「今しないといけないこと」を意識し続けることも大変なようでした。

また、コウタさんは無意識に自分の身体の輪郭や感覚を感じ取ることができません。歩くことや椅子から立ち上がることでさえ、物との距離感がつかめずにぶつかった感覚が気づきにくいのに、板書は鉛筆をもちノートの抵抗感を感じながら止めや払いの文字を書くこと、さらにそれをノートのマスに合わせてコントロールしないといけません。板書をするのはコウタさんにとって最もつらい動作のようでした。

④勉強に注ぐエネルギー

学校生活や放課後などコウタさんの生活のなかで、友達と「安心」し「満足」して遊べる時間が少なく、心のエネルギーが常に足りない状態でした。勉強に「がんばる」ためにも、満たされた生活のなかでのエネルギーの補充は重要な要素です。社会に対する不信感を信頼に変えること、そして、安心して友達と交流できる環境が必要でした。

4 目標をかなえるための関わり

4年生になって先生もクラスも変わり、新しい環境になりました。先生に3年生のときの様子を伝え、目標もそのまま引き継いで関わることになりました。

コウタさんは、授業中なのに廊下で縄跳びをしたり、図書館で借りた本を広げて自分の顔を隠すようにしながら読書したりして、時間を過ごしていました。

①コウタさんが安心できる、それぞれの関わり

担任の先生は、友達と安全に安心して遊べるように、「ほら、コウタが待ってるよ」と休み時間になるとコウタさんに何気なく遊び道具をわたします。これで、自然と友達がコウタさんの周りに集まり、「いっしょに遊ぼう」と言えなくても遊べる環境が生まれました。

授業では、授業妨害とさえ見えるような態度のコウタさんに対して、授業に戻れたときに「コウタ、待ってたよ。できることからでいいからね」と、息抜きをしながら授業を受けられるように保障しました。

また、コウタさんに注意をするときは、1対1で個別に対応することで全体の前で注意されて不安にならないようにしたり、「みんな、きれいに座れるようになってるよ。さすが4年生だ。ペンをカチカチしないでよく聞いてね」とクラス全体にさらっと呼びかけることで、自分の行動に気づいて修正できる機会をつくりました。

こうした環境の中でさらに先生は、先生やクラスのメッセージがコウタさんに伝わるように、板書を写すだけが授業参加への姿勢ではなく、コウタさんが答えられる質問をしたり、板書の内容をプリントにしてわたしたりして、授業を受けることへの安心感も補充されていきました。

コウタさんの両親は目標をかなえるために、学校で読み聞かせをしたり、友達と登校できるよう積極的に声をかけたりしました。また、サッカーに興味があるコウタさんのために、地域のサッカークラブを探して放課後の居場所づくりをしました。すると、コウタさんは「この先生は僕を裏切らない。僕もこのクラスの一員だ」という思いが芽生え始めました。

②先生と作業療法士のクラスづくり

友達と遊ぶ時間が増えて心のエネルギーが補充されてきたことや、先生の声かけや関わりで、コウタさんは周囲の人に対する不信感や不安感が少しずつ減ってきている様子でした。そこで先生、両親といっしょにチーム会議を行い、「授業中にヘルプを出せる環境をつくる」「何に困っているか、どうしたいのかをいっしょに整理する」「書くことを楽にできるような環境の調整（椅子や道具の工夫）」を目的に週1回、約3か月限定で「クラスの学習支援員」として、私が訪問することになりました。

「クラスの学習支援員」という形にしたのは、このクラスには、先生がコウタさん以外にも心配している児童が数名いることもあり、クラスづくりを一緒に考えることも学習支援員として関わる目的でもありました。

まずは椅子づくりです。コウタさん以外にも座り続けることがつらいと感じる子どもたちの椅子に、バスタオルと滑り止めマットを敷きました。すると、お尻や太ももの裏全体が包まれるような形で座れます。コウタさんは「短い時間だからよくわからない。もっと長い時間使いたい」という感想でしたが、背すじはシャキッと伸び、さらに、頭がボーっとせずに授業が受けられるようになったのです。

授業の参加に段階づけをしました。まずは授業に必要な道具を机の上に準備できること。その次に、先生に言われたページを開けること。そして、読書や落書きなど授業以外のことを始めたとき、キョロキョロし始めたときにそばに行き、「先生なんて言ってた？　私、聞こえなかった」「この問題解けた人は、この問題解くよって言ってたね」と期待された課題に参加できることを1つ1つクリアできるようていねいに声かけをしました。

そんなある日の算数の時間。倍を求める割り算で、先生の「4600の100倍は？」と言われると、一生懸命ノートに式と答えを書く子どもたち。その中でコウタさんは、今までやらないと決めてきてしまった覚悟が邪魔する中で、それでも左腕にボールペンで大きく「460000」と書き「先生、わかったよ」と得意げに左腕を先生に見せます。「じゃあその答えの1000分の1は？」と聞くと、左腕の「0」を消していき先生に答えを見せます。先生は笑いながら「正解」と、はなまるをくれました。その後、机の上で計算を始めようとしたりしました。そこで小さな紙に計算問題を1問ずつ記入して渡し、それを、1問から3問ずつ書いて紙へ、さらに穴埋め問題にし、黒板に書かれたものを写すサポートへとステップアップしていきました。

約3か月が経過すると、コウタさんは授業中に手を上げて先生の質問に答え、できる範囲で「書く」ことに挑戦し始めました。また、授業中に本を広げることがあっても授業は聞いていて、先生の質問に答えることができたことが自信につながり、授業に積極的に参加できる日が増えていきました。

5 チームでコウタさんの成長を共有

ゆいまわるの関わりから約2年が経過し、作成した目標や思いがコウタさんに届いていることをチームで共有して、コウタさんはサービスを卒業することになりました。

「コウタさん、とても音読が上手です。みんなの見本になるくらい。テストの点数も80点と、がんばっていました」

先生からの報告です。コウタさんが挑戦できると判断した授業であれば、自ら必要な道具を机の上に準備して授業を受けることができているようで、板書をするようになっているそうです。

お母さんからは次のような話がありました。

「家では、帰って来てから宿題をするなど、流れが決まってきています。好きなキャラクターのイラストと説明をノートに書いたり、マス目に合わせて字を書いたりできるようになっています。決まった友達と毎朝、歩いて登校して行けるようにもなって、成長を感じます」

コウタさんにチームで作成した目標を見せて「何か気になることや困っていることはある?」と聞きました。

「ん? 何もないけど……。いまの生活が当たり前だから、聞かれても出てこない」

私はこの答えにとても驚きました。彼がもう一度社会の舞台に乗るだろうか、私たち大人や社会がコウタさんにどれだけ向き合ったら彼が希望をもてるだろうか、という未知数で始めたときを思い出したからです。

その後、別の子の訪問をした際に、コウタさんを見かけました。学年遠足で、広場でのびのびと遊んでいました。コウタさんが自ら声をかけてグループのなかに入ることもあれば、男女問わず自然と友達が集まり遊んでいることもあるようでした。

「算数のテストで100点とったよ。勉強で困ることもなくなった！」

私に近づいて来たコウタさんが、うれしそうに話します。そして、コウタさんのことを知っている先生から代わる代わる、うれしい報告が聞けました。

「コウタさん頑張っています。いまでは、授業中にノートをとるのが当たり前だっていうから驚きましたよ」

「コウタさん、学年が変わってもがんばっているようです。楽しそうに授業を受けているみたいですよ」

6 コウタさんを通して学んだこと

一見、トラブルが多い小学生の男の子に見えたコウタさんでしたが、それは社会に対する抵抗でした。本心は、期待されることに向き合いたいけれども向き合えない不安な気持ちがあるからこそ、自分で表現できる方法で最大限、周りに伝えていただけでした。

私は、そんな彼の様子を先生や両親に通訳しただけでしたが、チームで目標を決め、彼をサポートする環境が大きく変わったことにとても感動しました。

毎日の学校生活でのコウタさんに対する先生や両親のサポートで、彼が学校という社会に再び向き合う大切な機会に立ち会わせてもらえたことに感謝しています。

Thema 4

僕もがんばりたい!!

沖田直子
Naoko Okida

1) ピカピカの1年生

① お母さんが困っていたこと

ハジメくん（仮名）は私と出会う前、４月の入学時からゆいまわるを利用していました。支援学級（たんぽぽクラス）に在籍しています。

お母さんは最初に「行き渋りは、幼稚園やデイサービスに通い始めるときも同じでした。何が原因かはわかりません」と不安そうに話してくれました。そして、語りの中からお母さんの思いを３点、聞くことができました。

まず食事です。小さい頃から偏食があり、見ただけで食べなかったり、調理方法を工夫しても口から出してしまうことがよくありました。小学校での毎日の給食が、学校に行きたくない要因にならないか心配でした。

次に友達関係です。デイサービスでは上級生のお兄ちゃんや下級生が好きで、好きな友達とはトランポリンを楽しむなどいっしょに遊ぶことができます。しかし、みんなと同じようにしたい気持ちが強すぎて、自分が上手にできないと怒ってしまいます。友達は友達、僕は僕と気持ちに切り替えができるようになってほしい、同級生を仲間として感じ、楽しく過ごしてほしいと望んでいました。

最後に授業です。小さい頃から、英語など自分の興味があることへの習得は早く、英単語も聞いて覚えます。しかし、書くことについてはなぞり書き以外に取り組もうとせず、自分から鉛筆をもたなくなって1年以上たちます。ペンをもって字や絵を描くことに自信がなく、ハサミなど物を扱うことも苦手です。苦手なことがあっても、自分のもっている力で楽しく活動に取り組んでほしいと望んでいました。

②学校でのハジメくん

学校にハジメくんの様子を見に行くと、学年全員でお話を聞いていました。先生の促しで床に座り、お話の間は立ち歩くこともありません。しかし、後半になるにつれて瞬きの回数が多くなり、次第に手足の動きも増えて、先生の話に注意を向けるのが難しい様子です。先生の全体指示には周囲を見て行動に移せ、みんなに合わせて起立して横を向いたものの、自分が先頭になると表情は固まってしまいました。

あるときは、お母さんが教室に入るように促すと、眉間にしわを寄せてお母さんも入るように手招きをしていました。

授業は、これからすることがわかると取り組みます。けれども、たとえば自分で15と51の置き間違いに気づくと表情は険しくなり、「あー、これわからない、難しい」といらだちを隠せません。それでも、先生のヒントや助けを素直に受け取り、最後までがんばって課題を仕上げました。

課題ができるとガッツポーズを決め、「見て、見て！」と先生が振り向くまで声をかけつづけます。また、先生や友達の会話、ドアの音などを耳で拾い、よく反応していました。

③母親、担任の先生の「届けたい教育」

先生とお母さんは、それぞれの思いを話しました。

「学校では、お母さんと教室に入れたら、すんなりバイバイでき、課題にも取り組めるんです。行きしぶらないし。でもね1年生の間は、勉強よりも友達づくりや学校に来るリズムをつかむことが大事と思っています。友達と交流できることが、学校に来る楽しみの1つになるから」（先生）

「学校に通うことがハジメくんの生活のなかに定着してほしい。自分のペースで納得する形で、自分の力の範囲内でまずは4校時目まで安心して過ごしてほしい」（お母さん）

そして、先生とお母さんと話すなかで、目標ができ上がりました。

1）安心して登校できること（安心して学校に通うのが当たり前になってほしい）
2）友達と楽しく交流できること（友達との交流のなかで、「楽しい」「うれしい」を友達といっしょに感じてほしい）
3）授業に主体的に取り組めること（とてもがんばり屋なので、ハジメくんのもっている力を活かして取り組んでほしい）

④どうしてできないのか、どうしたらできるのかを知るための評価

〈うまくできず困っていること〉

- 教室に入ることへの緊張が高い：教室へは母親と手をつないで入り、眉間にしわを寄せて体に力を入れたまま過ごし、自分で力を抜くことが苦手でした。
- 活動に見通しをもつこと：いま何をしたらいいのか、いつまでしたらいいのか、どのくらいしたらいいのか、期待されている活動やゴールへの見通しがもてませんでした。
- 指示された活動に対し断ること・相談することができない：お母さんには、支援学級に行くことを伝えることができましたが、ほかの先生たちに会うと、支援学級に行くのをやめて交流学級（対応する普通学級）に向かいます。また、プリントを目の前に出されるとやらないという選択は選びません。つまり、不安や緊張を表現する手段がなくて「NO」や「SOS」が言えず、本当はしたくなくてもしてしまうため、緊張の糸が常に張り詰めた状態になっていました。
- 書くことに過剰な努力を要すること：鉛筆を何度も握り直し、硬い表情で肩をすくめ、体を机に押しつけながら文字を書きます。筆圧が高く、少しでもはみ出したり線が歪んでしまったりすると怒ってしまうほどで、書くことには努力が必要でした。

〈うまくできていること、やりたいと思えること〉

- 課題ができると「見て、見て！」と先生が振り向くまで声をかけるように、本当はがんばりたい、認められたい気持ちをもっています。

・お母さんなどの安心できる存在には、「NO」や困っていることを表情や言葉で表現できます。
・授業中に円柱で型取りをするとき、線が歪んで気持ちが落ちても、先生から「いいね！」などの「OKサイン」があると、気持ちを切り替えることができます。
・いま何をどのくらいするのか、課題が何個あるのかなど、やることが明確で見通しがもてると取り組めます。
・先生の声には気づきが早く、注目します。

⑤「やりたい」を引き出す環境づくり

先生はまず、教育が届くための「安心と安全の土台づくり」から取り組み始めました。自分の気持ちを安心して伝えられるお母さんといっしょに登校して授業を受ける形をとることで、ハジメくんに「安心」を届けます。そして先生の「OKサイン」が受け取りやすく、ハジメくんが求めていることにすぐに対応できるよう、たんぽぽクラスの机をコの字の配置へと変えました。

先生は、見通しがもてれば積極的に参加できるハジメくんの強みを授業で活かすため、小さなホワイトボードにこの時間中の課題を書いて授業の流れをわかりやすく伝える工夫をしました。

また「NO」を言うのが苦手なハジメくんのために、その日受ける授業をハジメくん自身が決めます。そのことで心の準備ができ、少しでも安心して参加できること、選びながら徐々にできるようになればいいという周囲の思いが伝わることを期待したのです。

困ったハジメくんがどうしたいかの選択肢を伝える際は、「どうしたの？」と漠然とは聞かず、見通しがもてるよう「教室でする？　先生といっしょに教室でする？　たんぽぽでする？」「色鉛筆を使いたい？

クレヨンがいい？」など、声かけや道具を工夫しました。

そして、書くことがストレスと感じているハジメくんに、それよりも授業の楽しさや達成感を感じ、もっと学びたいと思える心を育てるために、ハンコや磁石などの教材を使い、書かなくても学べる授業を展開しました。

このように、周囲に敏感なハジメくんに「君にだけ特別」との印象を与えないように細やかに配慮をしながら、届けたい教育の種を少しずつ届けます。

2 友達に興味を持ち始める

力を抜くことが苦手で、「もっとやらなくちゃ！」と自分を追い込んでしまうハジメくんですが、先生やお母さんからたくさんの「いいね！」「すごいね！」のサインを受け取り、1校時から2校時、3校時と安心して学校で過ごす時間が少しずつ長くなっていきました。また、自分で何校時までがんばるかを決めることで見通しがもてるようになり、お母さんと登校するという安心できる環境のなかで、学校に登校する日も増えていきました。

休憩時間は友達との交流は見られず、お母さんと過ごしていましたが、授業のなかで、かるた取りなど具体的な枠組みのある活動を通して友達との接点をもつ機会が増えました。そうすることで交流があまり見られないハジメくんも友達が活動に入ってくることを、拒否せず受け入れる姿が見られるようになりました。

訪問に伺った際、たんぽぽクラスの体育館で遊ぶ時には、友達の様子をじっと見てみて真似をしており、友達への興味が増している様子でした。そんな中、ハジメくんの成長を感じることができたシーンに出会いました。

これまで休憩時間は、自分から友達の輪に入ることは少なく、お母さんと過ごしていましたが、畳のスペースにいる上級生たちがじゃれ合っているのを見てそっと近づき、自分からその輪に入ろうとしたのです。上級生もハジメくんに気づき、いっしょにじゃれ合います。ハジメくんはとってもうれしそうに笑っていました。お母さんの元を離れ、友達同士で関われた瞬間でした。

3）「鉛筆をもちました。自分なりの絵や字を書いたんですよ」

チーム会議のときのお母さんの報告です。

家では1年以上鉛筆をもたず書くことを嫌がっていたハジメくんですが、「絵を描いてみよう」「文字を書いてみよう」と書くことへの興味関心を持ち始めました。さらには宿題にもチャレンジするようになりました。

「自分からペンを持ちびっくりしました。明日、先生に見せようねと言っているんです」とお母さん。先生たちが蒔いた、安心して学べる環境と学びたい心を育てる教育の種が、芽を出し始めています。

4）ハジメくんに出会って学んだこと

ハジメくんやお母さん、先生たちから「安心できる環境」の大切さを学びました。そしてお母さんと授業を受けることが、形態だけでなく主体的な授業参加のためとみんなで共有しているからこそ、先生は先生として、お母さんはお母さんとして、それぞれの役割で「安心」を届けることができたのだと思います。

大切なのは、「届けたい教育」をチームみんなで共有し、それぞれの立場で支援していくことだと学びました。そのために作業療法士として、先生が「(学校で)やってみたい」、お母さんが「それなら家でできるかも」と、それぞれがエンパワメントされる(元気になる)ように寄り添っていきたいと思います。

今後も訪問は続いてゆきます。これからのハジメくんの成長を楽しみにしています。

Thema 5

学校で「やりたい！」と言えるようになった少年

比嘉一絵
Ichie Higa

1 学校生活を寝て過ごす日々

4月上旬に支援学級が始まる頃、スクールソーシャルワーカーから「ずっと体のだるさと眠さを訴える子がいます」と、その子を紹介されました。学校の面談室のソファーでうずくまるように眠っていた彼こそが、淳くん（5年生・仮名）でした。

いつもは2校時で帰っています。この日はソーシャルワーカーの声かけで目を覚ましたものの、うつむいて座ったまま黙っていました。前日は調子がよくて、プリント学習をがんばっていたようですが、周囲からの「帰ろうか？」の声かけにも反応は鈍く、小さく頷いていました。

支援学級の決まりごととして、帰宅する際は担任のヒロシ先生（仮名）に「帰りたいです」と申し出ることになっていました。無表情な淳くんでも唯一、先生に自分の気持ちを伝える時間でした。

別の日の観察場面では、休み時間に友達が面談室に遊びに来て、淳くんはやや表情が穏やかになり、友達の動きを見ながらそばで微笑みを浮かべていたのが印象的でした。

授業では、ヒロシ先生の「先生と算数がんばろうか」との声かけに「うん」と答え、通常は3年生で習う3桁の引き算を、指を使って一生懸命解いていました。先生から与えられた課題に素直に取り組みますが、この時期の淳くんは、支援学級の授業を受けることに対してもかなりのストレスを感じているようでした。

ヒロシ先生は当初、寝て過ごすことが多い淳さんに対し、どう関わっていいのかわからない様子で、とりあえずできることからしていく関わりでした。それでも変わらない状況に自信もない様子でした。先生とゆっくり話を進めていくなかで、本当は淳くんに友達関係や授業の活動で、できる経験を増やしたいと願っていることがわかりました。

お母さんは、服薬のコントロールなども言われるがままで、淳くんにどうなってほしいという思いはうまく表現できずにいました。というのも、お母さんと学校は当初、活動意欲の低下や問いかけの反応の乏しさを薬の副作用の影響と思い、服薬のコントールが安定するまでは見守るしかないと考えていたのです。淳くんもどうしていいかよくわからず、戸惑いと不安のなかで2校時が過ぎるのを寝ながら待ち続ける日々だったのです。

今回は、本人も先生も保護者もどうしていいのかわからない状況で、期待や希望を見失っている状況でのスタートでした。そこで届けたいことが何かを見出すことも目的として、チームで小さな一歩を歩み始めました。

2 淳くんの苦手なこととできること

〈①淳くんの苦手なこと、困っていること〉

- 口頭の指示だけでは何をしていいのかわからない：ヒロシ先生がクラス全員に声をかけたとき、「何をするのか、何を準備するのか、どこからするのか」という先生の指示を聞き逃してしまい、クラスメイトよりスタートが遅れてしまうことが多い。
- 書く動作に過剰な努力が必要：鉛筆をもつと両手や肩に力が入ってしまう。そのため文字を書くにも絵を描くにも、疲れるたびに何度も時計を見て課題の進行が止まってしまう。
- 手順よく進めること・同時に2つ以上のことを行うこと：ハサミは開閉がぎこちなく、うまく扱えない。切りながら紙を送ることができず、ハサミのみを動かして切ろうとする。両手をうまく使えず、作業に時間がかかる。手順よく進めたり同時に2つ以上のことをしたりするときに、唇をかみしめたり手や肩に力が入ったりしてしまう。

〈②淳くんがうまくできること、やりたいこと〉

- 見通しがもてると安心して取り組める・始めれば最後までやり通せる：自発的に取り組むのは好まなかった淳くんですが、先生の「スコップもって」「このプリントやろうか」という具体的な行動の指示には、ほとんど拒否せずに始めることができました。またやり始めれば、途中で止めることも好まないのです。
- 安心できる人には自ら質問できる：本当にやりたいことがあるとき、淳くんはヒロシ先生にはそれを小さな声でそっと話せていました。
・興味のある遊びがあると友達と交流できる：淳くんと友達の間で流行っていたゲームのキャラクターの話になると、笑顔で交流できる場面がありました。
・興味、関心のある活動はやりたい気持ちがある：先生から活動に誘われるなかで、淳くんに興味があると、自ら道具の使い方を習い、真似をしようとする場面がありました。

3 先生や保護者、支援者とのチーム会議

ヒロシ先生と交流学級（対応する普通学級）の担任といっしょに、淳くんの学校の様子や成長してほしいことなどについて会議を行いました。ここに淳くんのお母さんも参加していましたが、口数が少なく口下手とのことで、相談員が代弁していました。お母さんは、目を合わせてもすぐに下を向いてしまうことが多く、私の声かけに大きくうなずくように反応をしてくれましたが、どうしたらいいのかわからずに不安でいっぱいの様子が伺えました。

先生も、はじめは主体的に会議に参加できずにいましたが、ADOC―Sのイラスト（82・134頁参照）を一つひとつていねいに見ていくなかで、先生の教育への思いが徐々に語られ始めました。

「スケジュール管理は言われてから動くことが多くて、時計が読めるのかなと心配しているんですよ。友達との交流は、淳くん自身も興味があると思うんです。でも学級の友達には近づこうとしない。本当は友達と楽しく交流してほしいのです」

こうした先生の思いをまとめながら、チームの目標が形になっていきました。

長期目標は「今年度中に友達と仲よく過ごし、助け合えるようになってほしい」です。これをかなえるための短期目標は次の3点です。

- 8月までには、学級で給食の時間まで楽しく過ごせるようになる。
- 友達と遊びを共有し、休み時間を楽しく過ごす。授業に一定時間いっしょに参加する。
- 学校内で淳くんが主体的に相談しながら安心して過ごせる環境をつくり、新しいことにチャレンジできるようにする。

4 関わり方の工夫

まず、淳くんが興味をもてるプラ板づくりなどの活動を取り入れ、学習と遊びのリズムをつくったり、淳くんが授業のなかで無理のない程度に、やりたいことを「やりたい！」と言えたりするような雰囲気づくりをしました。

また、淳くんが相談しやすくなるように、ヒロシ先生も交流学級の先生も、学校生活のなかで全体指示を出した後に声をかけるなど、淳くんが困りそうなことは積極的に関わるようにしました。

5 やりたい！から広がりはじめる学校生活

関わり始めて1か月が経過した頃、先生たちの積極的な関わりが功を奏してきました。それまで毎日のように遅刻を繰り返していた淳くんが、まだ雨の日などに時折遅刻は見られるものの、1人で登校できるようになっていました。

また授業中、ヒロシ先生に「先生、ハサミ貸して」「先生、プラ板がしたい」「先生、これでいいですか」などと発言できるようになりました。さらに、与えられた課題や活動で、時間割をノートに書き写すなどの習慣的なことも含め、ヒロシ先生に質問や確認を自発的に行えるようになりました。

ヒロシ先生に相談できるようになった淳くんは、畑仕事、水やりや雑草取りなどに夢中になりました。最初は、どこからどんな風に進めていくのかを細かく説明を受けながらやっていたことが「今日は雑草を抜こうね」と大まかな指示でも動けるようになっていきました。黙々とできる活動が増えていくうちに、淳くんは3校時まで過ごすことが増えていきました。この頃から、ヒロシ先生は淳くんの些細な変化に気づいて手応えを感じ、課題活動や遊びをさらに工夫する関わりが見られました。

最初は先生からの声かけで帰る時間を決めていたので、淳くん自身は、いつ帰れるのか不安を感じていた「終わりを求めていた関わり」から、登校後の朝の会で先生が淳くんに何校時で帰るかの意思を確認してから学校生活をスタートする「終わりを決めた関わり」へと変更しました。

また、この国語の時間は、①漢字ドリル2枚書くこと、②国語ノートに教科書の2ページを写すことの明確な課題の提示をすることで、淳くんは安心して学校で過ごせるようになったのです。その安心感から与えられた課題を最後までやり遂げるようになり、やり遂げるために困った時は、先生に質問を主体的にできるようになりました。このように、学校にただ「いる」環境から主体的に「やりたい」ことを一生懸命に取り組む環境に淳くんも先生方も変わっていきました。

そして3か月が経過する頃、お母さんとソーシャルワーカー、ゆいまわるとの面談を行いました。淳くんとの関わりで先生が工夫をしたことをお母さんに伝えました。

するとお母さんは、自ら淡々と家での様子を話し始めました。

「家では学校のことを話さないし、思い出そうとしてもうまく話をすることができません。前より苦しそうではないけれど、聞いても嫌がります。だけど、ため息が減っていて、学校の行き渋りもなくなっています」

お母さんはうれしそうな表情でした。

淳くんは夏休み中に病院を受診し、主治医の質問にも「よく眠れている。薬を飲むと動きやすくなる。だるくない」と適切に答えることができました。主治医は「薬を飲んでの変化を客観的に言えているから、よい傾向」との意見でした。この情報を学校側にも伝えました。こうして、心配していた服薬コントロールや副作用のだるさ、疲労についての悩みが解消されました。

夏休み明けからは、支援学級で給食時間まで過ごし、給食も食べられるようになりました。その2週間後には、ヒロシ先生といっしょに交流学級で給食を食べる回数を増やし、友達と関わる機会が増えました。自分から話しかけることができない淳くんは、ヒロシ先生を通じて交流学級の友達と話を共有できたとき、楽しく笑います。その表情を友達は見ていました。その行動に淳くんは少し驚きながらも、はにかんだ表情でした。

6 宿泊学習

徐々に友達との関わりが増えたころ、5年生の大事な年間行事である校外宿泊学習への参加を、ヒロシ先生に自ら進んで「行きたい」と言いました。しかし、淳くんにとって初めての宿泊学習で、家ではお母さんに「ヒロシ先生はいるの？」と不安そうに話していたそうです。

①宿泊学習に向けた作戦会議

2回目のチーム会議は、淳くんが安心して宿泊学習に参加できるようにするための作戦会議。ヒロシ先生と交流学級の担任、ゆいまわるで、日程の見通しが把握できる力、「自分でやれる、できる！」と決めたことは最後までやり遂げる力など、淳くんの強みを活かせるようにアイディアを練りました。

まずは宿泊のスケジュールで、どこに集合して、どういうふうに並び、誰の後ろが自分の座る場所なのかなどを、具体的に施設の見取り図を見ながら確認しました。

また、グループ活動や係活動を決める際は、苦手な対人交流に緊張して自分の意見が言えずストレスになるので、交流学級の担任がクラスの友達といっしょに相談して決めました。そして決まった役割を淳くんにわかりやすく説明し、その役割を担えるかどうか、淳くん自身が確認しながら進めることにしました。

②やりたい！で友達とつながれた宿泊学習

宿泊学習の当日、淳くんが安心して学校から無事に出発できるよう、家から学校までの見守りや確認はソーシャルワーカーが行い、学校からバスに乗るまでをヒロシ先生がつき添いました。

自然の家に到着した淳くんは、顔がこわばって緊張しているように見えました。最初はヒロシ先生が指示を促していましたが、徐々にクラスメイトが主体的に淳くんの名前を呼び、座る位置を指さして教えていました。

グループ行動で、友達といっしょに昼ご飯を食べたり、冒険コースを散歩したりする体験ができました。友達からの声かけに言葉で返事をすることはできず、友達がうなずいて返事のできる質問をして、それに大きくうなづいて関わっていました。そのような関わりで会話が続きにくいこともあるが、グループ内でいろんな会話が飛び交うことで、相づちをうつ淳くんは、いつの間にか雰囲気に溶け込んでいました。

運動が苦手な淳くんが縄を使って坂をよじ登るのを躊躇していたとき、6〜7人のクラスメイトが「淳くん！」と応援を始めました。淳くんはその応援に応え、歯を食いしばって登り切りました。

一人の男子が、手をひろげてハイタッチをする構えに首をかしげる淳くんに、友達はそっと淳くんの手を握りしめました。お互いに笑顔になる姿を見て、遠くから見守っていた私は涙がこみ上げてきました。

翌日のカレーづくりや食器の片づけでは、世話好きな女子が口数の少ない淳くんに声をかけ、いっしょにすることができました。真面目な淳くんは、任された仕事は最後までやり遂げるので、クラスメイトの雰囲気に馴じんでいきました。気づくと、どこに淳くんがいるのかわからなくなるくらい溶け込んでいました。

以前の淳くんは、任されたことがどのくらいやればいいのか不安が先にくることが多かったのですが、今では臨機応変にやりながら、周囲に合わせて進めることが自然にできるようになっていました。やり遂げる速さもマイペースではあるが、周囲に合わせて終わらせることができました。「不安」よりも「やりたい」と思える気持ちが強くなっているように感じました。また、わからなければ聞くという今までの経験が活かされ、馴染みのない活動にも安心して取り組めている淳くんが、自信に満ち溢れている気がしました。

③宿泊学習後の学校生活の変化

宿泊学習を終えた淳くんに、さらなる成長が見られました。支援教室からの移動も1人ではままならなかった淳くんが、クラスメイトの協力で、理科室や音楽室への移動も、みんなといっしょに並んでスムーズにできるようになりました。

また、運動会のエイサーの練習で、大きな音が苦手な淳くんもヒロシ先生のアイディアで耳栓をつけ、練習に毎回参加できました。運動会当日も整列から移動、踊りまで、先生の力を借りることなく、ほかの生徒の動きを見ながら踊り切ることができました。

ほかにも係活動では、ペアの子が休んで通常2人で行う発表が1人になっても、恥ずかしい気持ちを抑えながら一生懸命こなしていました。

さらに家庭では、弟の登校の準備を手伝うなど兄としての自覚が芽生え、学校だけでなく家でも成長場面が多く見られました。

その場面をお母さんは、笑いながら話をしてくれました。お母さんは宿泊学習後に仕事が変更になったことも打ち明けてくれました。朝の出勤時間が変わり、息子達の起床時間よりも早く家を出ることになったので、息子達の学校登校が心配だったとのこと。今では、淳くんが家を出る時間帯にお母さんが家に電話をして確認をすると、弟もいっしょに準備を終えた報告をするので安心しているそうです。起床や朝食、学校に行く準備を含め、時間を意識した行動が自分で行える習慣がいつの間にか身についていました。

7 チームが一丸となって

淳くんを支える先生や保護者、関係者を含めたメンバーがチームとして集まり、目標を設定して共有することで、目標を達成するための関わりをそれぞれで進めていくことができました。

また、話し合いのなかで淳くんの特性としての強みや弱みも共有し、淳くんが安心して過ごせる関わりや活動を提供することができました。チームのそれぞれが工夫を重ねて関わることで淳くんが早期に安心を得て、成長する機会になったと思います。

ゆいまわるは、保護者や学校、スクールソーシャルワーカー、相談員と連携していくこと、友達関係や学校が楽しくなる思いを育てたいという「届けたい教育」を目標に掲げること、を重点に置いています。

それをかなえるためにチームが一丸となって、それぞれができることを取り組んでいける連携をつくり続けていきます。その結果として淳くんの成長とともに、関わったすべての人たちが同時にエンパワーメントし続けたと思います。

これからも関わる人たちの思いに寄り添いながら、いっしょに成長したいと思います。

Thema 6

「友達といっしょに」を願う男の子

仲間知穂
Chiho Nakama

1) 1人黙々とペーパークラフトをつくる晃くん

友達が勉強を始めているなか、支援学級の畳スペースで1人黙々とペーパークラフトに向かっている晃くん（仮名）に出会ったのは、彼が5年生の2月の頃でした。友達が勉強する様子を気にすることもなく、「チャイム鳴ったよ」という先生の呼びかけにも反応せず、彼は本格的な車の立体ペーパークラフトをつくり続けていました。

休み時間になると、クラスの子どもたちは初めて見る私に話しかけて来ました。

「ねえ、誰？」

「ねえ、これ見て。僕つくったんだ」

しかし晃くんは身体も視線も向けず、私にはまったく興味を示しませんでした。

次の時間、彼が制作を続けている畳スペースで双六《すごろく》をすることになりました。晃くんはドドッと入ってくる4名の友達と机に広げられていく双六の道具を見るなり飛び上がり、窓の縁に飛び乗ってつま先立ちをしたままみんなの様子を眺めています。

「入っておいで」

先生はやさしく呼びかけます。

「ウソつきー！　バーカ！　行かない‼」

その先生の声をかき消すように叫ぶと、晃くんはその場から走っていなくなりました。彼は裸足のまま砂場の横に1人しゃがんでいました。

初回面談で、お母さんは「学校に迷惑ばかりかけている。邪魔せず参加してほしい」と話していました。

「こんな状況をお見せするのがお恥ずかしい。本当にこれでいいのでしょうか。ぜひ専門家の指導をお願いしたい」

支援学級の担任の先生も、いまの状況に強い不安を感じている様子でした。

2　問題から目標へ

私は先生にチーム会議の設置を提案しました。

「ぜひ、支援学級と交流学級の担任の先生もご参加ください。もしよろしければ、彼の成長に力を貸してくださる方、いっしょに取り組みたい方、どなたでもご参加いただけないでしょうか」

こう呼びかけて、初回のチーム会議が学校で開催されました。この会議には、支援学級と交流学級である5年2組の両担任の先生だけでなく、特別支援教育コーディネーターの先生と理科の専科の先生の姿もありました。

「5年2組の一員として、晃くんと向き合いたい気持ちはあるのですが、すみません何もできてなくて」

交流学級の先生も支援学級の先生同様、不安を抱えつつもいまの状況を変えていきたいとの強い思いがありました。

「みなさんの届けたいことを目標にしましょう」

そう言って始まった目標設定は、先生たちがこれまで、本当はしたかったこと、向き合いたかったこと、させてあげたいと願ってきたことで、希望いっぱいの会議になりました。そして3つの目標ができ上がりました。

目標1　時間割やチャイムなど、ルールを意識して遅れずに参加できること。
晃くんは時間割にまったく関係ない生活をしていました。やりたいときにペーパークラフトをつくり、飽きたらフラフラ歩き、ときどき先生の呼びかけに応じて少し勉強をしては、また気ままに立ち歩く。その様子から先生は「子どもたちとの接点や交流の機会がつくれるように、ルールを意識して行動できるように育てたい」と話しました。

目標2　5年2組の友達といっしょに、楽しく交流できる機会をもてる。
目標3　5年2組の友達と晃くんが互いに学び合える。
晃くんは支援学級に入ることができても、5年2組にはまったく行くことができませんでした。促されて教室に行けてもぱっと抜け出し、校庭に逃げてしまいます。先生は「安全のことを考えると無理に来させていいのか不安になる」と話していました。しかし先生は「授業や活動に参加できなくてもいい。安心して2組にいることができさえすれば、友達との接点のなかからきっといろいろなことが学べる」と話し、5年2組で友達と影響しあえる環境のなかで、お互いに学んでほしいと期待していました。

先生たちは、これらの3つの目標をかなえることを通して「小学校卒業までに友達と仲よくし、助け合って授業や行事、係活動に参加することができる」ように育てたいと話していました。

3 「届けたい教育」の目標とかなえるためのチーム会議

3つの目標をかなえるため、晃くんがどうしてできないのか（問題点）、どうしたらできるのか（利点）を知るために、学校生活の様子観察から始めました。

①できずに困っていたこと（問題点）

〔できる見通しがもてないこと、問題が起こったときに対応できないこと〕

晃くんは、つま先立ちや椅子の上に蹲踞《そんきょ》（両膝を広げてしゃがむ姿勢）の姿勢でいることが多く、椅子に座っていてもその椅子をギコギコと激しく動かし続けていました。それらの様子から晃くんは、自分の身体がどんなふうに動いているのかをうまく感じ取れていないことがわかりました。

自分の動きがわからなければ、これから行うことに自分の身体をどのように合わせていいのかイメージすることも難しく、行動の一つひとつができるか否か予測できずに生活してきたことがわかりました。さらに、もしも失敗したら、もしも困ったことがあったら、どう対応していいのか、その心の準備もすることもできずにいました。

こうして晃くんは、自分がこれから行う行動の見通しがもてず、さらに問題が起これば対応できるかどうかもわからない状態のなかにいたのです。そんな彼にとって、5年2組で授業や休み時間を過ごすのは、何が起こるのかわからない世界に飛び込むことであり、不安だったのです。

〈目で見て状況を理解することが苦手〉

晃くんは目を細めていることが多く、話しかけてもアイコンタクトさえ取れずにいました。周りで友達が遊んでいる様子を目で追ったとしても一瞬で、すぐに別のことに視線が向いてしまいます。

その様子から、目で何かを見続けること(追視)が難しいことがわかりました。促されてドリルを始めても、視線はすぐに別のことにそれてしまう晃くんにとって、周囲が期待している活動（特に机上の作業）に自分を合わせることはとても努力がいることだとわかりました。

〈友達といっしょに活動を共有することが難しい〉

友達は急に何をしてくるかわからない、友達といっしょに遊びたくても自分を合わせられない――。行動の予測立てが苦手な晃くんにとって、友達といっしょに何かをするのはとても不安な活動でした。だから長く取り組むような活動はできず、クラスに入れずにいることがわかりました。

②うまくできること（利点）

本当はできることも晃くんにはたくさんありました。

〈本当は期待に応えたいとがんばっている〉

晃くんは無秩序に生活しているように見えましたが、何かの活動に夢中になっていない限り、先生の声かけには気づいて応えようとしていました。

先生がプリントをするよう促すと、聞いていないような素振りを示していましたが、先生が「じゃあ、先生が解いちゃおうね」と取り組み始めると、走って来て椅子の上につま先立ちをしたまま取り組もうとしました。

理科の時間、先生に「理科室行かない？　いっしょに行こう！」と言われても「行かなーい！」と言っていましたが、先生が「そっか、行かないのね」と教室を出たとき、晃くんは先生のほうを寂しそうに見つめていました。

〈友達と遊びたい！　２組に行きたい〉

友達といっしょに活動を共有することが苦手な晃くんは、ときどきイタズラをしていました。友達を笑わせたり、友達を怒らせたりしながら、その一瞬の出会いを楽しんでいるようでした。

〈本当は聞いている、本当はたくさんアンテナを張っている〉

晃くんは話を聞いていないようにも、友達を無視しているようにも見えました。でも先生たちは「まったく聞いていないと思ったら、ちゃんと動くことが結構あるんですよ」と話していました。

ある休み時間、友達がイタズラで先生におもちゃの鉄砲を向けて「強盗だ」と言って遊んでいました。先生が「先生はあまり好きな遊びじゃないいな」とたしなめますが、それでもやめずにその子は「強盗だ」と続けていました。

すると、遠くでペーパークラフトをつくっていた晃くんがパッと近づいて来て、おもちゃの鉄砲を取っていなくなったのです。自分の周囲で起こる事柄をしっかりと見ているのだと気づいた瞬間でした。

③チーム会議

晃くんができること、できずに困っていることをみんなで共有すると、先生は笑顔で「そうか。だったらいい考えがある」と素敵なアイデアをチームに提案したのです。

4 かなえるための取り組みと成長

①2組の担任の先生が取り組んだ教室の居場所づくり

3月になり最初に訪問した日、晃くんは5年2組の教室に座っていました。そこは彼専用のスペースで、教室の後ろ3分の1に広がる大きな厚紙の上でした。

そこには、先生が彼の居場所として設けたペーパークラフトの世界がありました。厚紙の上にはていねいに道路の線が引かれ、小さな門や車、建物などすべて紙でつくられた立体の街が広がっていました。

「これは晃くんが好きなハンターの中華街の世界ですよ」

先生は笑顔で説明します。そして、このスペースを設けた理由を教えてくれました。

先生は、晃くんに本当は期待に応えたい、友達と交流したい気持ちがあること、そしてアンテナを張って学ぶ力があることから、どんな形でもいいから教室にいられるスペースが重要だと考えたそうです。そして、友達との交流に不安があるなら、自分が安心できる活動からスタートすればよいと、それをペーパークラフトスペースにした、ということでした。

「ほかの子どもたちの反応は大丈夫でしたか？」

「うちのクラスの子どもたちなら大丈夫だと判断したんですよ」

クラスの子どもたちをよく知っている担任の先生だからこそ立案できることだと感じました。

② 居場所から始まる子ども同士のつながり

確かに、クラスに設けられたクラフトスペースについて、「晃くんだけズルイ」などの不満をもらす子はいませんでした。

それどころか、クラスの子どもたちは「これ何？」「ここに置いていい？」と興味をもちつつ、入り過ぎない絶妙な距離感で晃くんに話しかけるようになりました。晃くんも「置いていいよ」と少しずつ友達と交流をし始めます。すぐに、そのスペースに友達が入ることも、友達がもって来た建物を置くことも受け入れながらクラフトスペースで過ごせるようになり、5年2組にいる時間が次第に増えていきました。

また、専用のスペースの掃除として、教室の掃除にも参加するようになりました。先生が促すと、ほかの場所の掃除も少しすることができました。さらに、社会や英語の授業では専用スペースから授業内容に少し反応し、時々発表することもみられるようになっていきました。

③ペーパークラフトの世界を飛び出しクラスの活動へ

5年生最後の学年合同お楽しみ会。晃くんは「怖い本をつくりたい。みんなを驚かせたい！」と支援学級の先生に話し、本をつくることになりました。晃くんは「漢字が書きたい」と、いつもは苦手な漢字も先生に聞きながら書きました。

当日、クラスで行われたお楽しみ会の輪のなかに晃くんはいました。でき上がった怖い本と、ペーパークラフトの入った小さな箱を抱えていました。初めはお楽しみ会に目を向けずに箱のなかのクラフトをつくっていましたが、友達の楽しい声や出し物を気にしてか、ときどきクラフトの手は止まりました。

「では、クイズをしまーす！」

司会の女の子が元気よく出す問題に、子どもたちは一斉に手を上げます。すると晃くんも小さく手を上げました。その姿を見たクラスの子どもたちは「晃を当てて！」と笑顔で喜びます。当てられた晃くんは、問題とは違う答えをそっと答えましたが、子どもたちは正解かどうかよりも、晃くんが参加したことがうれしくてたまらない様子で、一斉に拍手しました。

その拍手を聞いた晃くんの表情はパッと明るくなり、教室の前に走って行きます。

「みんな、これから怖い話をするよ！」

大きく叫んで始まった晃くんの手づくり本の読み聞かせは、ペーパークラフトの世界からつながった2組の友達も、お楽しみ会でつながった1組の友達も巻き込んで、5年生全員の笑顔で幕を閉じました。

先生が届けたかった「小学校を卒業するまでに友達と仲よくし、助け合って授業や行事、係活動に参加することができる」という目標のカケラが光り始め、友達と関わる楽しさを知り、晃くんは6年生に進級しました。

5 晃くんと6年1組

6年生のクラスは新しく編成されました。始業式の日、晃くんは体育館のクラスの列のなかにいました。初めは参加できないだろう、徐々にクラスに慣れてくれればいいと話していた先生たちは、その姿に驚きました。

式が終わり、友達がみんな教室に入っていくなかで、晃くんの足は教室の前で止まり、廊下をウロウロしていました。やはり新しいクラスに緊張していたようです。しばらくすると、教室の向かい側にあるオープンスペースからハサミとノリと鉛筆をもち、パッと教室を向くと勢いよく走り出しました。そして、何かを飛び越えるかのように教室の入口をジャンプして入って行きました。

その姿はまさに心の不安を飛び越え、希望を感じる教室に飛び込んで行こうとする彼の気持ちの表れでした。そして、新しい先生と去年からいっしょだった安心できる友達と、これから活動を通してつながりたい友達に囲まれて、晃くんの6年生が始まりました。

その後6年1組で、晃くんはさまざまな活動を通して成長します。そして、晃くんと出会えた子どもたちにも、意味のある教育が届く1年間になりました。

① 運動会は念願の旗頭

6年生の運動会では、沖縄のエイサーを披露することになりました。右に左に回転し、手足を大きく振りながら太鼓を叩くエイサーは、晃くんにとってとても難しい踊りです。

それでも参加できるようにとチームが動き、晃くんは旗頭という、みんなの中心で旗を天に向けて高く振り上げる踊りの担当になりました。教頭先生が立派な旗頭（踊りのときに使う旗）を準備しました。照れくささと不安から、わざと旗を横にブンブン振ってしまう晃くんに、先生も友達も応援しながらていねいに教えていました。

運動会当日、晃くんはみんなの中心で高く旗を掲げて踊れたそうです。

②人生初の宿泊、修学旅行

クラスで1つずつ、ていねいに活動を共有していった先生と晃くんと6年生の子どもたちは、修学旅行に行きました。初めての場所、初めての活動、すべてが緊張と不安ななか、晃くんは参加しました。落ち着けない心と身体が、友達の列からはみ出てどこか行こうとしても、行き過ぎることはありませんでした。不安で逃げようとしてしまった活動も、最後にはみんなの輪のなかに入りました。

修学旅行から帰ってきた先生たち、校長先生が笑顔で話します。

「本当に成長を感じる修学旅行だった。晃くんも、そして6年生の子どもたちも。晃くんが飛び出したり、不安から入れなかったりする様子を見て、彼をフォローしたのはすべて子どもたちだった。助けてあげるとかそんな姿勢じゃない。まるで当たり前のように、そっと絶妙のタイミングで彼を誘い、巻き込んでいける子どもたちの心の育ちに本当にびっくりした。あの育ちは、晃くんがいたからこそだと思う」

友達と仲よくし、助け合って授業や行事、係活動に参加することができた晃くんは、この学校の友達、先生たちといっしょにもうすぐ卒業を迎えます。

Part. 2

作業療法を届けようと思ったきっかけと出会い

――「こども相談支援センターゆいまわる」の創設まで

Theme 1

学校に作業療法を届けよう

1 「検査を受けないと安全に保育ができない」と言われて

ずっと病院で作業療法士をしていた私は、母親になり長男が1歳になって子育ての難しさや楽しさを知り始めていた頃、保育所に呼ばれました。そこでほかの子との違いを指摘され、発達検査をすすめられました。

息子は、木の葉が風で揺れているのをずっと眺めているような子で、集団でワイワイするなかよりも、静かなところで遊ぶことが好きでした。保育園から言われたときのことをよく覚えています。

「検査を受けないと安全に保育ができない」

「専門的な情報がないと怖い」

先生たちの口から出てくる言葉に、心が締めつけられそうな感覚でした。当時は子育てという人生初めての「作業」に試行錯誤中で、唐突な先生たちからの言葉に混乱し、落ち着いて状況を把握できなかったことも、その感情でいっぱいになった要因だったと思います。

しかし、当時「作業科学」という学問に出会い、作業療法の新たな視点や考え方に感銘を受け、物事を作業科学の視点から考える傾向にあったことが救いでした。「どうして先生たちは怖いのか」「何かできることを望んでいるのか」「どうして発達検査がないと保育ができないのか」など、さまざまな疑問が浮かび、子育てをしている地域のお母さんたちにヒヤリングをするようになりました。

そこで初めて、自分が感じた不安や怒りは私だけではなく、保育園や小学校などさまざまな保育と教育現場で、同じように苦しい思いをしている親がたくさんいることを知りました。

「こんな不安を抱えて子育てなんかできない！　子どもの可能性を地域で育むために、親が安心して子育てできるために、作業療法は活用できるはず！」

私は、自分の会社のデスクに〝子どもが自分の力を最大限生かし、成長していける社会をつくる！〟と貼り、学校に作業療法を届けようと決めました。

2　嘉芸小学校の平良瑞枝校長先生との出会い

初めて門をたたいたのは金武町の嘉芸小学校でした。保育園からとも思いましたが、重要なのは教育だと感じ、まず小学校に行くことを決めました。

「先生たちに障がいや診断ではなく、子どもの力の引き出し方を教えるべきだ」

当時は自分自身の体験が原動力になっていたため、「親のために、子どものために、学校を変えないといけない」という使命感があったことを覚えています。

親戚が当時の嘉芸小学校の校長先生と知り合いだったことでつながり、説明に伺うことになりました。

そこで出会った平良瑞枝校長先生から私は、学校の内部状況やルール、文化だけでなく、先生たちの思いや教育の魅力をも教わりました。その影響を受け、私の学校作業療法は大きく視点が変わったのです。

「先生が自信をもって教育ができれば、障がいの有無にかかわらず、すべての子どもは必ず元気に育つ」

平良先生のこの教えは、現在の私の学校作業療法の軸になっています。平良先生の教育観から学んださまざまなことは、子どもの特性に合わせて学校の環境をつくっていこうという私の視点を、「届けたい教育」（先生の作業）の実現に向けた視点へと大きく変える起点となりました。

3 初めは受け入れられなかった作業療法

２００９年当時は、２００７年4月に特別支援教育の推進について、文部科学省から各都道府県教育委員会に通知がされたばかりで、学校現場にはまだ特殊教育（障がいの種類や程度に対応して教育の場を整備し、そこできめ細かな教育を効果的に行う）の文化が残っている状況でした。

今ではメジャーになっているスクールソーシャルワーカー（ＳＳＷｒ）やスクールカウンセラー（ＳＣ）も、すべての学校に配置されているわけではなく、外部専門家が学校に訪問することは異例という雰囲気がありました。

平良先生と各教室をまわり、担任の先生たちに説明しましたが、自分が評価される不安や、自分の教育に不足があるから導入されるのではないかという不安から、先生たちは作業療法士に協力を依頼することはもとより、教室に入ることや授業参観にも拒否的でした。

平良先生の配慮でいろいろな機会や校内研修でも伝えるチャンスをもらいましたが、当時の私は学校の文化も言葉も学んでおらず、作業療法の視点とその言葉で伝えた私の思いが、先生たちの心に届くことはありませんでした。

職員室の隅に場所を借りながら、依頼も相談もない毎日に不安でした。校長室で毎日味わった平良先生のコーヒーが、明日は必ず伝わるはずという気持ちを持続させる源泉でした。

4 嘉芸幼稚園での開始

沖縄の公立小学校の多くは幼稚園が隣接し、校長先生が幼稚園の園長も兼任していました（２００９年当時）。嘉芸小学校に隣接していた嘉芸幼稚園の担任の先生から初めて「みてほしい子がいる」と相談がありました。私と平良先生は飛び上がるほどうれしかったことを覚えています。

当時の幼稚園の先生とともに訪問が始まりました（part 1事例。12頁〜参照）。

先生の「届けたい教育」の実現に向けて、学校と家庭が協働的に取り組むことで、その子自身の成長だけでなく、その子に関わるすべての人（先生・クラスメイト・保護者）の成長に影響を与え、多様性あふれる子どもたちが、ともに学ぶことで教育がより豊かになっていく経験を、先生たちと共有することができました。

ここでの経験を通し、私は「届けたい教育」に焦点を当てた学校の作業療法を築いていこうと決めました。

作業療法士の養成校で教員をしていたため、この活動のスタート時から、いずれは学校に作業療法士が入っていけるシステムをつくっていきたいと学生たちにも伝え続けました。現在いっしょに働いているスタッフの多くは、この養成校の卒業生でもあります。

「支援が必要なのは私たちこそと気づいた出会い」

平良瑞枝（元嘉芸小学校校長）

知穂先生と初めてお会いしたのは、平成20年度の学年末を控えた2009年3月5日のことでした。ご親戚の金武町教育委員の伊芸様とごいっしょでした。琉球リハビリテーション学院作業療法科の教員であること、作業療法的な関わりを教育現場ともちたいことなどを話されました。

児童との関わりは、教頭、担任、職員全体の調整を要します。学年末の過密スケジュールに組み込むことは困難なため、年度が明けてから返事をすることにしました。翌年度明けの4月21日に再来校された先生から、PCを用いて作業療法的立場からていねいに説明を受けました。

前年度まで那覇市教育委員会で特別支援教育担当主事として、医師や教授、臨床心理士や言語聴覚士、理学療法士の方々と連携して各小中学校の支援を要する児童生徒に対応していましたが、作業療法士の方とは初めてのことです。まったく何をどう描かれていくのか一度の説明ではデザインの見えぬまま、先生の直向《ひたむ》きな、そして輝く笑顔に心惹かれて事を進めていくことにしました。ですが、教頭の同意は取りつけたものの、担任にとっては児童観察という形であっても教室に介在することはよしとせず、暗礁に乗り上げてしまいました。

その年、幼稚園（校長が園長を兼ねる）に支援員を配置して入園した子がいました。入園式までに知り合っておきたいと話しかけましたが、返事がないばかりでなく、目さえ合わせてくれず言語の届かない世界にいるように思われました。クラスメートと交わる様子もなく個別行動をとっていました。私が支援員と話し合ったのは、登園したら安全のためすぐに門扉を閉めようということでした。この子の指導計画をどう描けば成長につながるのか定まらぬままスタートしました。

ここで知穂先生との出会いです。

先生の関わりで事態は激変します。先生はじっくり観察、そのアドバイスで担任、支援員の2人が動き、その子は自分の掃除分担を認識し、クラスメートとともににぎやかに床ふきを楽しみ、いっしょに給食をとグループで常駐の警備のおじいちゃんを迎えに行くなど、思い描かなかった事々をなしていきました。先生がPCでシェアしてくださるたびに、担任、支援員ともども涙があふれました。

この子は、運動会にも生活発表会にも修了式にも皆とともに参加しました。先生のさまざまな工夫、方策の仕様の成果です。修了式は、別の園で行われているご自分のお孫さんの修了式はVTRで見るのでと、この子の式に参列してくださった警備員さんたちに温かく見守られながら終了しました。

産休中、嘉芸小学校に訪問していたとき

知穂先生は、この子が1年生になった翌年も嘉芸小の多くの子どもたち、教師、保護者の相談に、ご自分の年休、産休をすべて使って応じてくださいました。

この劇的な関わりを私たちだけで共有するのはもったいなく、この子の保護者の同意を得て、嘉芸小の校内研、保護者教育講演会、金武町教育委員会主催幼小中全教師合同研修会、国頭《くにがみ》地区特別支援教育講演会の講師を学院の担当業務のかたわら受けてくださり、出席者の万雷の拍手をあびました。

思えば、支援を要しているのは彼らではなく私たちのほうでした。知穂先生の魔法の杖のひと振りで目が開き、耳が開き、聞こえなかった言葉が聞こえ、見えなかった思いが見えるようになりました。まさしく、知穂先生のお力は彼らではなく私たち一人ひとりにこそ必要です。「障がい」という言葉は我にありを改めて自覚させられた出会いでした。

魔法使いの杖が遍く多くの人々に振られんことを！

Thema 2

広がりはじめる作業療法士の学校訪問

1 金武町で作業療法士による定期学校訪問が開始される

2010年の夏休み、金武町の幼稚園・小中学校合同研修に講師として呼ばれました。そこで、幼稚園の取り組みを通し、多様性あふれる子どもたちがともに学ぶことで、教育がより豊かになることを伝えました。そして、作業療法士による学校訪問が、その実現に貢献できることを伝えました。

当時のプレゼンはまだ先生たちの心に届くには不十分で、研修の後「すぐ活用できる技術を教えてほしかった」「先生たちは時間がない。障がいの見分け方や対応の仕方を知りたかった」などの感想も多く聞かれました。それでも一部の教育関係者から、「おもしろい視点だと思う」「ぜひ金武町で取り組み続けてほしい」との意見も聞くことができました。

その後、平良瑞枝校長先生のすすめで、沖縄県で開催された婦人の主張大会で取り組みを発表。その大会で県教育長賞を受賞したこともあり、金武町で正式に作業療法士による学校の定期訪問が開始されました。

2 さまざまな市町村に広がる

並行して、「先生の『届けたい教育』の実現に向けて、協働的に取り組むチームアプローチ」と「多様性あふれる子どもたちがともに学ぶことで、教育がより豊かになる」というコンセプトを、金武町以外の教育委員会や学校に、実践を通して直接伝えて行く活動を始めました。

恩納村では、保健師が同村の子育て事業に作業療法士を取り入れるよう役場と交渉し、村の健診事後教室「いるかクラブ」での関わりが始まりました（2012年4月）。それだけでなく、この保健師と恩納村役場の計らいで村立保育園に保健師・心理士と作業療法士がチームになって巡回相談できるシステムがつくられ、保育園への定期訪問が開始されました（2012年4月〜2016年3月）。

2012年6月にうるま市の障害福祉課より「うるま市でもすすめてほしい」と連絡があり、市民講演会（2013年3月）を実施。そのほかうるま市の小・中学校での校内研修やファミリーサポート研修での講師、うるま市自立支援協議会への参加などさまざまな立場の人たちとつながり仕事をしていきました。うるま市での取り組みは、まちのシステムをはじめ、保護者、行政、学校などいろいろな立場の人の動きや思いを学ぶ機会になりました。

同年、那覇市銘苅小学校で教科研究の枠組みのなかで訪問を実施し、その取り組みを先生たちと共同研究として校内教科研究で発表。読谷村では教育委員会の人といっしょに小学校や幼稚園の訪問を実施し、特別支援教育コーディネーター研修の講師を数回担当するなど、教育委員会の企画で訪問や研修に携わりました。

こうして、2012年から徐々に広がっていった地域や活動の内容は、ゆいまわるの学校訪問の基盤づくりになっています。

3）ADOC projectとの出会い

この頃は、自分の実践も学校作業療法のコンセプトもまだまだ手探りでつくり上げていく段階でした。そんなとき、同じ職場の作業療法士の紹介で、神奈川県立保健科学大学准教授（２０１３年当時）で作業療法士の友利幸之介さんと知り合い、友利さんが開発中だった目標設定のアプリケーション「ＡＤＯＣ」の子ども版「ADOC for School」の研究開発にも関わることになりました（https://s.adocproject.com/）。

ここでの経験は、チームでの目標設定と共有の重要性（ｐａｒｔ　４事例１１８頁〜参照）を理解する機会となりました。さらに、これまで経験し形にしてきた学校の作業療法について、どうしてこの視点とプロセスが重要なのかを言葉にすることができ、自分の活動を作業療法士にも発信していくようになりました。

4）産休を活用した研究

次男の産休に入るきっかけで、休日以外にも学校訪問ができるように

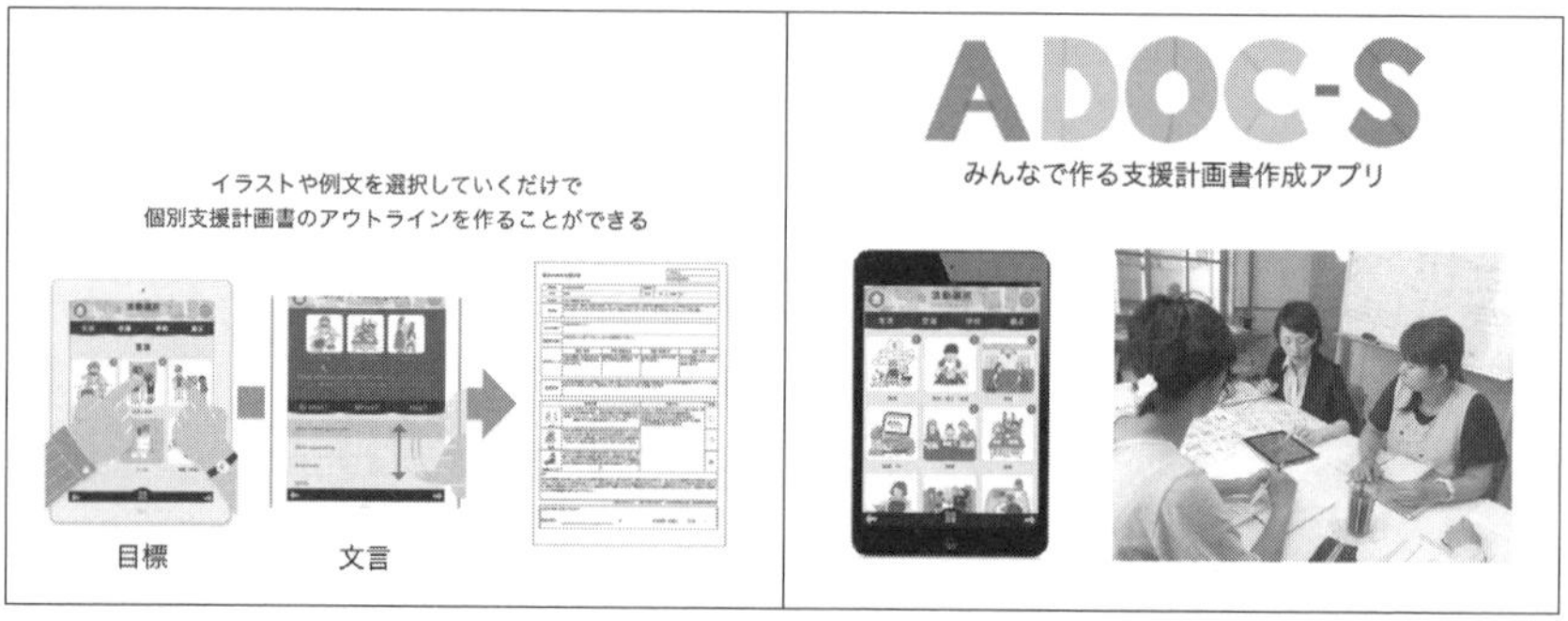
イラストや例文を選択していくだけで
個別支援計画書のアウトラインを作ることができる
目標
文言
ADOC-S
みんなで作る支援計画書作成アプリ

© NPO ADOC Project.

なりました。お腹が大きいときの訪問も、産後の息子をおぶっての訪問も、これまでボランティアでつながった学校現場の先生たちの受け入れは、いずれも温かいものでした。時には3か月の息子が理科の授業に参加していたり、校長先生と校庭を散歩していたり、当時は本当にさまざまな先生のお世話になりました。

そんな恵まれた温かい環境のなか、学校や教育機関の現場で、「届けたい教育」に焦点を当て、学校・家庭・地域が協働的にチームで取り組む学校作業療法の効果検証を進めていくことができました。ボランティアという立場は実績としての足跡はつきませんが、立場上さまざまな人からアドバイスやフィードバックを受けることができます。そのなかでも、私の現在の臨床に大きな影響をおよぼした校長先生からのアドバイスは、学校の作業療法で重要な学校のルールや文化を学ばせていただく機会となりました。

学校運営の視点で、担任教員の負担や健康を配慮しつつ、子どもたちの教育と成長を支えていく立場でのアドバイスは、現在の先生の精神的な負担に配慮した訪問のスタイルにつながっています。

また、先生たちが多くの業務に追われている状況も知りました。書類業務は実際に業務日誌や通信簿などすべて閲覧させていただき、その多さに驚きました。子どもたちの社会的な課題（いじめや不登校など）と向き合う先生たちを支えていくために、多くの書類が重要なことも学びました。

ゆいまわるの記録が具体的な教育目標に対し、段階的な取り組みとその経過を記載したものを取り揃えているのも、さまざまな状況で先生たちに書類（情報）を活用してもらえるよう配慮したものです。そのことが先生のエンパワメントにつながると学んだからです。

２００9年からはじめたボランティアで訪問した学校数は21校。１０６名の子どもたちの訪問を実施し効果検証をしました。この経験は現在の学校訪問のベースになっています。

Thema 3

作業療法士による学校訪問専門の事業所「こども相談支援センターゆいまわる」創設

1 保育所等訪問支援事業との出会い

もともと回復期のリハビリテーション専門の病院に6年間勤めていた私は、子育てをきっかけに、作業療法士の養成校「琉球リハビリテーション学院」で学生たちに作業療法を教える仕事をしていました。

養成校で働いていた時期に、ボランティア（一部市町村と委託契約）で始めた学校訪問は、すればするほどその必要性を感じ、学生たちにもいずれは必要になる職域として、その魅力を伝えていきました。

徐々に本格的に学校作業療法をしたいと考えるようになり、7年勤めた養成校を退職しました。その3日後、中部圏域コーディネーターから、これまでやってきた学校訪問の技術を地域に活かしてはどうか、保育所等訪問支援事業の活用が合っているのではないか、というアドバイスを受け、そのことが起業を考えるきっかけになりました。

当時、保育所等訪問支援事業を活用し、学校訪問を本格的に実施している事業所はほとんどありませんでした。会社を立ち上げることそのものにも自信はなく、大変迷いました。これまでいっしょに取り組んできた現場の先生や役場の人たちにも相談し、これまでつながった人たちと7年間の訪問の経験から、やってみようと決断しました。

2) こども相談支援センターゆいまわるの創設

2016(平成28)年に作業療法士による学校訪問専門の事業所「こども相談支援センターゆいまわる」を立ち上げました。ここから、保育所等訪問支援事業を活用した、作業療法士による学校訪問専門の会社がスタートしました。

沖縄県では保育所等訪問支援事業の活用そのものが少なく、相談支援専門員(児童福祉サービスを活用する際に必要なサービス利用計画を作成する相談員)でも保育所等訪問支援事業を知らない、もしくは活用したことがない人が多かった当時、児童の相談支援事業も併設してのスタートでした。

どの市町村も、保育所等訪問支援事業は未経験でした。そのため、各市町村に説明してまわる毎日でした。福祉課には、サービスの流れや期待される効果、学校との関係を築くことなど、学校(教育)と福祉の連携についての説明が必要でした。

学校に福祉サービスをおろして大丈夫だろうかという不安

創設当初は仮事務所しかなく車の中が居場所。
2018年6月に事務所が新設できました。

が、どの市町村にもありました。しかし、ゆいまわるとしての保育所等訪問支援のスタイルは、学校教育のなかで育てられた作業療法でしたから、説明を通して、不安を「ぜひやってみよう」に変えていくことができました。

当然ながら、各学校への説明も必要でした。特別支援教育の制度化を経て、専門家の学校での活用は慣れてきていましたが、「作業療法士は初めてだ」と言われ、校長、教頭、特別支援コーディネーター、担任が同席のもと、学校訪問についての説明を繰り返しました。

当時は導入の不安から説明の時間も断られることがありましたが、いまでは校長先生や教頭先生から「保護者につなげたい」と相談があるほどの関係を、学校側と結べています。

Theme 4

ゆいまわるとして地域に拡げるための活動

1 相談支援専門員として福祉サービスに文化をつくる

保育所等訪問支援事業は、2012（平成24）年に児童福祉法が一部改正された際に、新たなサービスとして創設されました。しかし、学校へのアウトリーチ型の福祉サービスの提供は、学校現場にはなかなかか難しく、その利用状況はかなり厳しい状況でした。
この状況を放課後等児童デイサービスと比較すると下表のようになります。

保育所等訪問支援事業の事業所数は徐々に増えてきているものの、実際に稼働している事業所は、2014（平成27）年9月時点で714事業所中375事業所と、約半分です。さらに1か月の利用状況は1人あたり1・4回でした。

この状況を把握していた沖縄県の障害福祉課事業指導支援班の担当者からも「保育所等訪問支援事業だけで会社を運営することは難しいですよ。私たちはせっかく沖縄県のために立ち上がる事業所が、つぶれずに社会に貢献していくことにも責任がありますので、ぜひ児童デイサービスを併設されてはいかがでしょうか」とアドバイスを受けていました。

私はこれまでの学校訪問の経験から、現場にニーズがあること、学校に専門家が入るときになぜ不安があるのか、教育現場の真のニーズを把握していたこともあり、つぶさない自信がありました。そのため、どうしても保育所等訪問支援事業だけで立ち上げたいとお願いし、無事、審査は通りました。

表1）全国の保育所等訪問支援と放課後等児童デイサービスの事業所数

	2011年（平成24）	2012年（平成25）	2013年（平成26）	2014年（平成27）
保育所等訪問支援	240事業所	415事業所	550事業所	714事業所
放課後等児童デイサービス	3,107事業所	3,909事業所	5,267事業所	6,971事業所

表2）2014（平成27）年9月の全国の保育所等訪問支援事業所数と放課後等児童デイサービス利用者数

利用があった事業所数	利用実人員	利用者1人あたり月の利用者数
375事業所	1.4回	2,326人
5,444事業所	6.6回	124,001人

しかし、これまでのボランティアのスタイルとは違い、福祉サービスとしての学校訪問は未経験です。そこで福祉の文化を学ぶために、中部圏域コーディネーターに何度も話を聞きに行きました。

そのとき、福祉サービスとして学校訪問を実現させるためのキーになるのは相談支援専門員だとわかりました。福祉サービスは、保護者が利用したいと思ったときに役場に申請するだけではなく、相談支援専門員に利用する福祉サービスの種類や回数、その目的などをまとめたサービス利用計画書を作成してもらう必要があります。

サービス利用計画書は、目標とするその子の生活を明確にし、その実現に向け、どのような福祉サービスや地域資源を活用しチームを築くのかを、示す役割をもっています。

当時のサービス利用計画書は問題解決志向のものが多く、またその諸問題には家庭の問題や、学校では解決が難しいものもありました。その計画書に保育所等訪問支援事業を追加して「学校と連携……」とした場合、学校は家庭の状況など、教育では難しいこともチームとして共有しなければいけないなど、学校側が不安になりそうな要素が多々ありました。

さらに、2012（平成24）年度から始まっていた保育所等訪問支援事業が、沖縄県でもうまく広がっていない状況があり、「学校に入りづらい」「学校に入っていく保育所等訪問支援事業をどうサービスに入れていいのかわからない」など、相談支援専門員の不安もありました。

そこで、障害児相談支援事業も立ち上げ、保育所等訪問支援を取り入れたサービス利用計画や、学校との連携といった相談支援事業の体制づくりも同時に行うことになりました。当初は相談支援専門員に学校と連携する文化を入れていこうという使命感もありましたが、この後さまざまなすばらしい相談員と出会ったことで、この事業は当初の思惑とは違う方向で花開くことになります。

私は、相談支援専門員としての仕事を経験したおかげで、大変さと立場の重要さを知りました。そして、さまざまな市町村で企画された保育所等訪問支援事業の説明会で、子どもたちのために真剣に利用してみたいと興味を示し、共に動いてくださる多くの相談員たちに出会いました。金武町、恩納村で細々とスタートした学校訪問は、その相談員の方々の協力によって、うるま市、北谷町、嘉手納町へと広がっていきました。

相談員といっしょに動きながら、「届けたい教育」に焦点を当てた取り組みを共有したときの相談員のプロとしての姿勢に感動し、自分自身が相談員を兼任するよりも、このすばらしい相談員の方々とチームとしていっしょに広げていこうと感じるようになりました。

相談員といっしょに動けたことは、自立支援協議会の存在、学校・家庭・福祉が連携する際の互いの温度差の調整（相談員が家庭を重点的にサポートし、訪問のゆいまわるが学校と本人をサポートし、互いの準備ができた時に協働関係をしっかりつくっていくなど）、家庭状況のサポートに多くの地域資源を活用できること、などを学

那覇市の教育関係者向け研修で、福祉と教育の連携について説明している様子

ぶこともできました。

いまではゆいまわるも多くの相談員に支えられ、学校訪問を届けていくことができるようになりました。当時まだメジャーではなかったこのサービスを地域に根づかせていったのは、このすてきな相談員の方々でした。いまでも仕事でつながる、大変心強いチームです。

2）各市町村で説明会

保育所等訪問支援事業は当時、各市町村で初めて活用する、あるいは活用しても月に2日程度という状況でした。ゆいまわるは開始時、通常月4日の設定でした。役場からは「学校に迷惑にならないか?」「そんなに頻回に訪問する必要性があるのか」などと質問され、各市町村で説明会を開催させていただき、これが各市町村との関係をつくる機会になりました。

説明会では、「届けたい教育」に焦点を当てること、先生・本人・保護者のやりたいことの実現に向けて協働関係をつくること、その協働的なチームづくりに既存の学校の専門

嘉手納町にて福祉課主催で保育所等訪問支援事業の説明会を実施

家や福祉サービス、地域資源も安心して参加できることなどが伝わり、作業療法士による学校訪問によって、福祉が教育と連携できる関係をつくれるかもしれないと、期待もしてもらえるようになりました。

嘉手納町では自立支援協議会の「学びつながり部会」に参加させていただき、教育と福祉が連携し、学校で気づける子どもの生活のSOSを、成長につなげていける環境づくりの会議にも参加しました。

こうした説明会で出会った人たちとのつながりは、保育所等訪問支援事業の枠を飛び越えて、まちづくりや講演会など、学校の作業療法を広げていく機会になっています。

3 「卒業」スタイルの福祉サービス

作業療法士と学校間の取り組みだけでなく、学校をプラットホームに支援者会議を通して「届けたい教育」の実現に向けた学校・家庭・地域の協働的なチームができると、先生は、子どもに教育を届け成長を支えていけることに、やりがいと自信をもちはじめます。親も先生が自信をもって教育する先のわが子の成長がイメージできると、安心して子育てができるようになっていきます。

スクールカウンセラーやスクールソーシャルワーカーなど学校に入る外部専門家や、児童デイサービスなどの福祉サービスも、それぞれ関わる目的と役割が明確になり、その子の家庭と学校生活に効果的な関わりで協力が得られるようになっていきます。

学校・家庭・地域のチームの構築は、支援者会議の目的や内容にも影響をあたえます。支援者会議では「うちのデイでは〇〇して楽しそうに過ごしています」という各事業所の経過報告ではなく、たとえば「この子の、見通しがあればがんばれるところを生かし、空手で他者との交流の機会をつくっています。そのことも学校での友達との交流につながっていますね」など、学校生活のどんな成長を支えるための関わりで、その経過がどうなっているのかという報告が多くなりました。そのことは、学校と児童デイの連携につながっていきます。

初顔合わせでは「この子はどうなるのだろう……」という不安の表情だったチームも、「届けたい教育」を具体的な目標として掲げて協働的に取り組むなかで、雰囲気も変わっていきます。毎月、その目標に変化が見えてくる経過を通して、作業療法士の情報よりも、学校や家庭でどんな関わりをして、どんな成長が見られているのかを語り合うほうが多くなっていきます。4か月くらいすると私の役割は、それぞれのチームの関わりが、どうして効果があったのかを伝え、少しつなぐだけの存在になっていきます。

支援者会議の場所だけでなく、学校の訪問も先生が主体的に考え工夫したクラス環境のなかで、子どもが自分の力を最大限発揮して授業に参加していける姿や、友達と休み時間を楽しく過ごせる姿が見られるようになり、その成長を先生自身が実感していきます。保護者との面談では「宿題も自分からやろうとするようになっています。まだまだ十分じゃないけど、そんな姿が見られることに成長を感じます」と、成長を実感して、これからに期待する話を聞けるようになります。保護者は学校に対し信頼し、連絡も取り合っていることが多くなります。その様子が学校と家庭で見られると、作業療法士の訪問は必要がなくなります。

「卒業」の判断は、学校と家庭が連携し、安心して子育てできるようになった頃に開催するチーム会議で行います。目標に対する経過を共有し、これから子どもの成長をさらに支えていく上で、地域資源も活用して学校と家庭で十分連携していけるという確認をします。もちろんまだ不安があれば続けますが「これからは教育と家庭の子育ての出番ですよね」「あとは授業に参加してこなかった学習の遅れだから、塾に通わせてみようと思うんですよ」などと話し合って「卒業」が決まります。

「卒業のある福祉」は、ゆいまわるを立ち上げたときからの私の願いでもありました。障がいや特性だけに配慮した特別な支援ではなく、すべての子どもたちに届く教育を、その子の力を最大限活かしてコネクトでき、参加していける社会を築いていくことに福祉サービスを活用したいと願っていました。

義務教育を終えて高校や社会に参加していくとき、「自分の力を最大限活かして参加していくための環境」は、その子自身が周囲の人の協力のなかで築いていかなくてはなりません。「してもらう福祉」ではなく、自分たちの生活の実現に「活用する福祉」が重要なのだと思っています。

だからこそ活用後は卒業していくものであり、また必要になったときに活用する、そんな福祉のスタイルをつくることができればと願っています。

「作業療法士を活用した学校訪問」

国吉淳司（南風原町保健福祉課障がい者福祉班）

南風原町で行っている作業療法士（OT）を活用した学校訪問は、理想とするインクルーシブな教育を推進するために、児童福祉法にもとづく「保育所等訪問支援事業」を利用し実施しています。改正発達障害者支援法の成立や児童福祉法の改正に伴なう社会的障壁の除去や保育所等訪問支援の拡充等も考慮に入れての取り組みです。

文部科学省が2012（平成24）年2月から3月にかけて実施した「通常の学級に在籍する特別な教育的支援を必要とする児童生徒に関する全国実態調査」では6・5％、小学校においては7・7％の児童が、何かしらの支援を必要としている実態が報告されました。南風原町も例外ではなく、実態を踏まえて関係部署と連携を図り実施している事業の1つが、OTを活用した学校訪問です。

●保育所等訪問支援事業で、学校現場に精通したOT派遣

南風原町の特徴の1つは、保育所等訪問支援事業をスムーズに実施するため、対象児童のいる小学校へ出向き、初めに学校の校長先生に制度の説明を行っていることです。その後、特別支援コーディネーターと担任に説明し、ケースによっては心の相談員やスクールソーシャルワーカーとも連携を図ります。さまざまな経緯を経て、最終的には保護者に説明後、納得した上で申請していただきます。

また、行政もいっしょになって計画事業所を探し、厚生労働省令で定める事項について調査を行った後、支給決定をする流れです。そうすることにより、学校側とOTの障壁を少しでも軽減できるような体制を整えています。

もう1つの特徴が、作業療法士の専門性を有し、かつ学校現場の制度にも精通し、困りごと解決のスキルをもつOTを派遣していることです。そのスキ

ルをもつOTを派遣することにより、対象児童のみを支援するのではなく、対象児童を取り巻く環境そのものを変えることができています。

たとえば、授業の準備をせずに登校して来る児童がいます。単に「忘れ物」では片付けられない場合もあります。その際OTは、物を準備する順序を明確にし、持ち物に色のついたビニールテープ等でわかりやすく整理する手法を担任に伝えます。周りの児童には、帰りの会で日直がクラス全員にも再周知を行うなど、クラス全員で取り組むことを担任といっしょになって理解させます。その際、家庭との連携が重要で、準備できたときには「ほめる」を重ねて自身をもたせることも伝えます。

●学校全体を支援できるスクールOTに期待

今後、多様化する教育現場では、スクールOTの活躍が必要不可欠な時代が必ずやってくると確信しています。またアメリカ同様、日本の学校にもスクールOTがいる環境を制度化していくことが必要だと感じています。

現時点で90%以上のOTは医療現場で従事していますが、スクールOTの知名度が上がれば、教育に興味がある人は必ず現れると思います。しかし、スクールOTはまだまだ不足している現状もあり、人材育成といった課題も浮彫りになりました。

これからの時代のスクールOTは、対象児童のみを支援するのではなく、教室、学年、さらには学校全体を対象とした支援ができる人材が求められるはずです。さまざまな障壁を子どもたち自らが乗り越え、インクルーシブな環境をつくることができるように、そのサポート役となり、心の成長を支援することができるスクールOTに期待しています。

Part. 3

「届けたい教育」の視点

Theme 1

問題解決志向の課題

1 問題に目が向きやすい現場

「問題を定義する方法は異なるが、問題を持っているから援助を必要としているという信念を、ほとんどの流派の治療感は実質的に持っている」

(チャールズ・A・ラップ、リチャード・J・ゴスチャ著、田中英樹監訳『ストレングスモデル』第2版、金剛出版、2008年、25頁)

医療も福祉も対象者が健康的に生活できるようにする立場ですが、その視点の多くが対象者の関わる問題を解決するものです。問題があるから援助を必要とするという信念から、医療も福祉も実質的には問題を適切に評価し、診断することに焦点が当たりやすいのです。

私たち作業療法士も、対象者の問題を医学的に評価する術をもっています。関節の可動域や全身の筋の緊張、追視などに重要な眼球運動といった運動機能に関すること、記憶力、遂行能力、注意力といった認知機能など、対象者のなかで起きている問題の原因を紐解くための評価技術は、作業療法士の養成校で学ぶ技術です。

私も養成校を卒業し病院に勤めたばかりの頃は、問題や障がいに着目し、原因を知り、解決するためにその技術を使っていました。思うように動かなくなった上肢を評価し、動かない原因を分析し、できるだけ動くということに焦点を当て、筋の緊張を高めたり、関節の可動域を広げたり、上下肢の支持性を高めたりするために姿勢をコントロールするリハビリをしていました。

2 問題を解決しても変わらない生活

当時、ある50代の女性を担当しました。その人は左上下肢の随意運動（意図的に動かすこと）がほとんどできず、身体を動かそうとすると手足が硬直してしまいます。自身の身体の左半身への意識が低く、1人で座ろうとすると、左側にバタンと倒れてしまうのです。

運動機能にも認知機能にも多くの問題を感じていたその人の問題解決に向けて、原因を評価し、治療を進めました。治したい一心で、通常のリハビリの時間以外にも、休憩や勤務時間後の時間も費やして治療に励みました。

手の動きが少し出たと思えば、肩に痛みが出現しました。座位が安定したと思ったら、ベッドから1人で車椅子に乗り移ってしまい転倒するという問題が出現しました。けれども当時、入院期間中消えることのない問題と向き合う毎日に、疑問は感じていませんでした。

3か月後、手足の随意運動はわずかに腕を前に出せる程度になりました。足に装具をつければ、理学療法士が左脇を支えて平行棒内を10ｍほど歩けるようになりました。さらに、見守りで座れるようにまで回復が見られました。問題は残っていましたが、入院期間を終えて退院となりました。

残った問題に対応するために自宅の環境を整備しました。転倒防止のために家のなかに手すりをつけ、段差を解消しヘルパーの介助で車椅子移動ができるようにしました。私はそのとき「問題解決のために最大限がんばった。やれることは尽くした。無事に退院できる！」と、満足すら感じていたことを覚えています。

退院して間もなく、外来で来院したその人から、私は次のように言われました。

「私には2人の息子がいる。高校生と中学生だから2人ともご飯をよく食べるのよ。あなたは『体を無理に動かさないで』と言ったわね。じゃあ誰が夕食をつくるの？　ヘルパーがいないと動けなかったら、私は自由に夕食をつくれないでしょ」

家族は誰もこの人に食事づくりを強制してはいませんでしたが、おそらく彼女自身が、家族のために食事もつくれない自分を許せなかったのだと思います。

私はそのとき初めて、自分がその人の生活や人柄、役割などに目も向けず、身体の問題を治すことだけに専念していたことに気づきました。そして、私が行ったリハビリがこの人の生活の改善に何ら役に立っていなかったことを知ったのです。もはやその人の目を凝視できず、その後涙が止まらなかったことを覚えています。

この出来事は、私の作業療法士としての理念を大きく変えました。あの日から「二度とこんなリハはしない！」と自分に誓い、いまの作業療法にたどり着いています。このことに気づけたのはこの人のおかげです。とても感謝しています。

これはリハビリテーション病院だけのことではありません。世の中のどこででも起こっていることなのです。私が出会う子どもたちの多くが、終わることのない問題解決へのアプローチのなかで、変わらない生活に苦しんでいます。苦しむのは本人だけでなく、全力でがんばり続けている先生も保護者も同じなのです。

●「問題」の存在に追われる状況（真一くん）

5年生の真一くん（仮名）に関する依頼がありました。彼は授業中に寝ていて、声をかけると「調子が悪い」と話し、ノートや教科書を準備することもほとんどありません。体育ではダラダラ歩き、100m走は走る前から「足が痛い」と大きな声で話します。友達からは「いつも言い訳ばっかりでだらしない」と評価されていました。

給食当番では自分から動くことはなく、先生に指導されると嫌そうな顔で足を引きずるようにして給食室に向かいますが、食缶は「手が痛いから運んで」と低学年の子に運ばせていました。先生たちも対応に困っているということでした。

先生や保護者にこれまでの関わりや様子を尋ねると、真一くんは1年生の頃から少しペースが遅く、3年生の頃にはできないことが増えて学校も心配したそうです。ノートを書かない、忘れ物が多いなどの日々の問題に対応できるよう向き合ったものの生活は変えられず、先生は保護者と何度も面談したそうです。「怠け癖がつかないように」とチームで決めた問題解決のために厳しく接した、と保護者は話していました。

4年生になって行き渋りが強くなり、学校では担任以外の先生もいっしょに支えようと、校内でのケース会議をしたそうです。5年生になっても生活は改善せず、真一くんは部活もやめたいと言い、学校も家庭も「これ以上どう対応したらいいのかわからない」と、ゆいまわるへの相談に至ったとのことでした。

このように、本人の問題かもしれない、家庭の問題かもしれない、学校の問題かもしれない、と問題に向き合い続けている状況はよく見られます。

病院に勤めていたときの私もそうですが、問題解決のために努力し続ける状況に、当事者は疑問を感じません。そして解決できない原因を、本人や自分、保護者に求めて互いに苦しい状況が続きます。

つまり、問題を新たな形で定義することにより、その「問題」は解決すべきこととして生活のなかに登場します。その解決のために本人、保護者、先生は努力し続けなくてはいけない状況が形づくられることになるのです。

3 学校作業療法における問題解決志向の課題

小学校では1人の担任がクラスを管理しています。クラスには個性豊かな30~40名の児童が在籍しています。私たちが担当する子どもはそのクラスのなかの1人です。

学年によって理科や音楽などの専門教科の授業をそれぞれの担当の先生が行う場合もありますが、基本的にクラス担当制のため、算数や国語など主要教科は担任の先生が準備から当日の授業まですべて行っています。授業の内容や進めていくスピードも教育課程で定められており、クラスや児童がどのような状況であっても、先生が大きく変更することはできません。

休み時間には、安全に生活できるように子どもたちを見守っています。さらに多くの子どもたちが、休み時間の先生とのコミュニケーションを楽しみにしています。持ち物の管理や身のまわりのこと、給食の準備や掃除などの当番活動まで、子どもたちの生活を支えているのも担任の先生です。

多くの先生が児童一人ひとりのニーズに応じて関わりたいと願っていますが、状況的にとても忙しく時間的に余裕がないため、対応できることに限度があります。

そのような学校環境下で、専門家による1人の子どもの特性や対応方法などの情報は、先生たちにとってありがたい反面、実際には対応できない状況との板挟みになる恐れもあります。また情報を提供した時点で、先生がその情報を活用する責任を負う状況をつくっていることを、私たち専門家は自覚する必要があります。

私たち専門家は、問題行動に対し、その原因を分析するための専門的な知識を学んでいるがゆえに、目の前で発見される子どもの問題行動を無意識に分析し始めてしまう傾向にあります。私も以前は、分析できることが専門家であり、問題行動の原因と対処方法をより詳しく伝えることが使命だと思っていました。しかし学校現場では、その情報提供で先生が苦しむ状況に追い込む恐れがあることを、さまざまな経験から学びました。

●専門家の情報提供で先生が苦しい思いをした事例（文也くん）

私がまだボランティアで学校を回っていた頃のことです。文也くん（仮名）はある幼稚園で、先生に噛みついたり、教室から飛び出して逃げたりしていました。その状況に、教務主任から「みてほしい」と依頼がありました。

担任の先生に、文也くんの行動や反応から予測される原因について説明しました。文也くんは視覚や触覚、聴覚の情報をうまく受け取れず、先生が全体に指示する声や友達が急に近づいてくる状況に、不安や恐怖を感じている様子でした。それが「噛む」「逃げる」理由と考えられました。また無表情で、表情や言葉でSOSが出せないため、周囲がそのことに気づきにくい状況でもありました。

私は毎日の「噛む」「逃げる」状況を早く止めなければとの一心で、先生に情報提供をしました。そのとき担任の先生は「ありがとうございました。大丈夫です」と話し、その日から私を遠ざけるようになりました。まだまだ勉強不足とはいえ、言葉にはかなり配慮した記憶があります。それでも先生と距離をつくってしまいました。

それから3年後、先生と話ができる機会があり、当時のことを聞くことができました。

「仲間さんの話はもっともだと思いました。しかしそのことよりも、私の担任としての仕事が十分ではないと評価されたように受け取ってしまい、苦しかったのです」

学校現場ではどの先生も、時間のないなかで必死にクラスを運営しています。「これでいいのか」という疑問や不安を最も強くいだいているのは、担任の先生自身かもしれません。だからこそまず、私たち専門家が提供する情報が、先生やその子に関わるすべての人の生活にどのように影響するかも配慮することが必要なのです。

Theme 2

「届けたい教育」に焦点を当てる

1 問題の先にある「届けたい教育」

問題解決では生活を変えていくことができない場合、私たちは何に焦点を当てたらいいのでしょうか。

先生が子どもに何か「問題」を感じるのは、「こうなってほしい！」「いまのうちにできるようになってほしい！」という期待があるからです。それは親や本人も同じです。親は子どもにできるようになってほしいと願うから、それが上手くいかないことに「問題」を感じます。本人は、自分がこうなりたい、これがしたいという思いがあるから、上手くできないと不安やいら立ちを示すのです。

私たちは先生、親、本人が直面している「問題行動」の解決ではなく、その問題を感じる行動の先にある「届けたい教育」

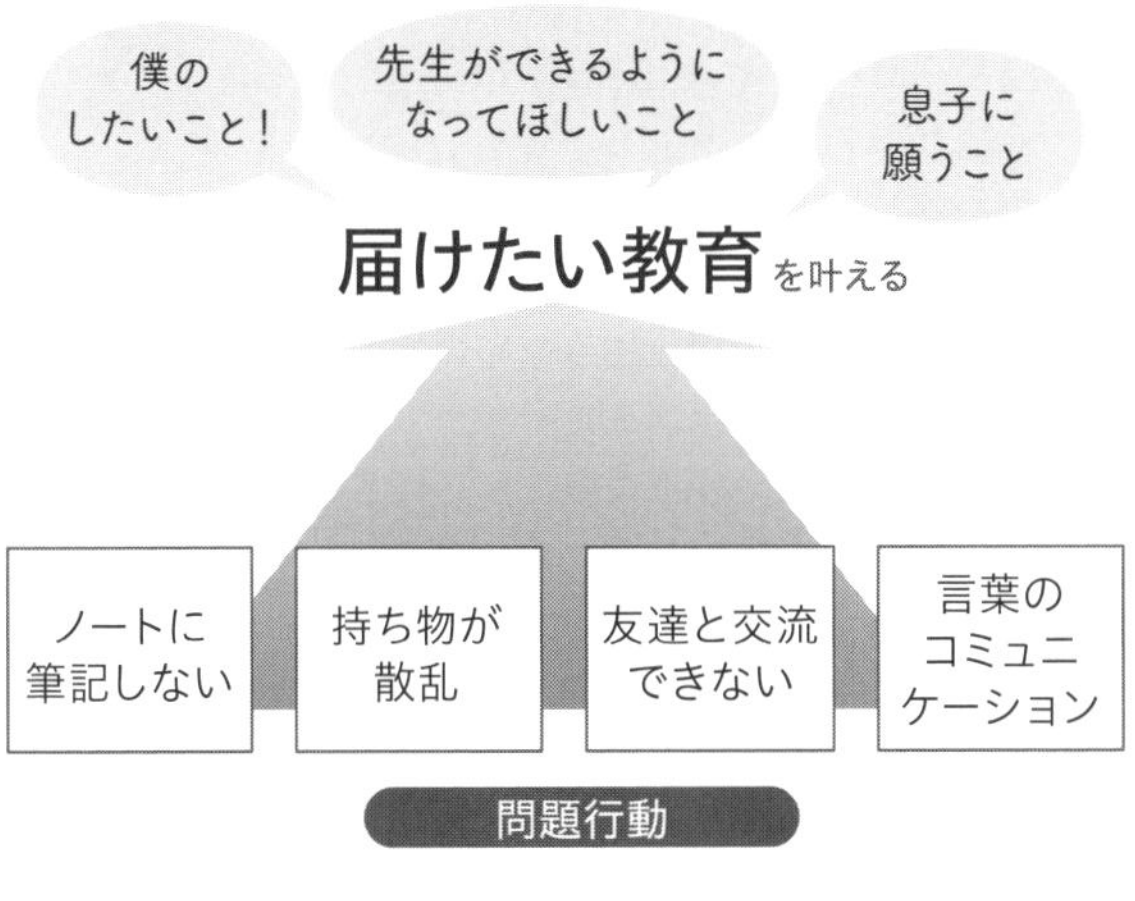

に焦点を当て、それをかなえるための関わりをしています。

ではその「届けたい教育」とは何か。少し具体的な事例で考えてみます。

2 問題のカタチは同じでも「届けたい教育」は違う

たとえば「ノートを書かない」は、訪問先でよく相談される「問題」の1つです。

小学校1年生のある男の子が授業中にノートを書かず、支援員が書いている、と担任の先生から相談がありました。

「ノートを書かないことはどうして問題と感じていらっしゃいますか。もしこの子がノートを書けたら、どんな効果を期待していますか?」

私の質問に先生は、3年生から難しくなる学習の前に、必ず必要となる教科書やノートの準備、字を書くことを不安なく習慣的にできるようになってほしい、と話していました。

先述の5年生の真一くん（101頁参照）のケースでも、ノートを書かないことについて相談がありました。担任の先生は次のように話していました。

「彼は勉強も運動も苦手だとわかっている。でもいまのように

表）さまざまな先生達の問題と感じる行動とその先にある教育

悩みごと	届けたい教育
友達への暴力と多動	苦手な算数も教室で頑張ってほしい
言葉が話せない	友達と一緒に掃除をさせたい
教室から出て行く	係活動で協力しあう経験をさせたい
転倒するリスク	友達と一緒に運動会に参加させたい
排泄コントロール未自立	休み時間に友達と交流させたい
いつも泣いている	身の回りのことをできるようになってほしい
偏食	みんなと給食を楽しんでほしい
こだわりが強い	いろいろな経験をさせてあげたい
大きな声を上げる	社会科見学に参加させたい
無表情	もっと遊びを楽しんでほしい

苦手なことから逃げるのではなく、苦手だけどできることはやろうと努力する姿勢を育てたい。いまはクラスの子どもたちからも〝怠け者〟だと評価され、お互いに距離が生まれている。苦手なことにも努力する姿勢から認められる経験につなげたい」

同じ「ノートを書かない」という「問題行動」でも、前者の1年生の先生は準備や書くことが習慣的にできるという教育を、後者の5年生の先生は苦手なことにも努力できるという教育を届けたかったのです。

このように悩んでいる「問題行動」の形態は同じでも、その先にある届けたい教育はそれぞれ違うのです。

「届けたい教育」には、先生がその子に届けたいことだけでなく、親が学校でできるようになってほしいと願うことや、その子自身がやりたいこと、できるようになりたいことも含まれます。「届けたい教育」とは、その子の将来に向けて、いまかなえたい大切な活動がすべて含まれるのです。

ゆいまわるでは訪問先で相談された「問題行動」の解決にすぐには動かず、先生、親、本人の大切な「届けたい教育」を明確にし、目標としてチームで共有してから具体的な評価や情報提供に動きます。

3 なぜ「届けたい教育」に焦点を当てることが重要なのか

①チームのエンパワメントを引き出す

エンパワメントとは、個人や集団が自分の人生の主人公となれるように力をつけて、自分自身の生活や環境をよりコントロールできるようにしていくことです。そしてエンパワーする関係には次のことが重要です。

〈先生・親・本人をエンパワーする関係〉

ⅰ．その人がもつ能力を高めること、自分に能力があるという自覚を高めること。

ⅱ．選択肢の幅を広げること、選択の自由をもっているという自覚を高めること。

ⅲ．その人が選択したことや、その選択にもとづいて行動する自信を強める機会を増やすこと。

（参考資料：ストレングスモデル第2版　P108）

従来だと、「問題行動」の解決のために専門家が原因を分析し、保護者や先生に情報を提供します。この場合、「問題」を解決することを前提に選択された方法は、子どもの障がいや特性に専門的に対応できる方法かもしれません。

けれども、先生が普段の授業やクラス活動のなかで選択する方法とはかけ離れるかもしれません。それ以前に、明確にされた「問題」の原因は、すぐに解決すべきこととして、先生や親の自由な選択を奪うかもしれません。

もちろんすべてのケースではありません。しかし、実際に訪問した現場では、自閉症と診断された子どもの対応に「私は自閉症についてまだ勉強が足りず、どう対応していいのかわからない」と心配になった先生が、専門家の指示を待っている状況でした。そういう現場が少なくないのも実状です。

「届けたい教育」とは、先生がしたいことであり、本人と親がその生活で望むことです。その「届けたい教育」をかなえるための取り組みは、チームに参加するすべての人の自由な選択でもあるのです。

そして作業療法士の役割は、どうしたらそれが学校生活という環境のなかでかなうのかという情報提供によって、「じゃあこうしてみよう」「次の授業ではこれを取り入れてみよう」と、先生が「届けたい教育」をかなえる選択の幅を広げていくことを助けることです。

その際の情報提供は、先生や保護者が安心して受け取り、取り扱えるよう、情報の量と質とタイミングには細心の気配りが必要です。授業のなかに取り入れた環境調整、係活動のときに工夫した道具、クラスの子どもたちと話し合ったこと、それら先生の取り組みのなかで子どもが成長していく姿は、先生が自らの教育による効果を実感する機会になります。そのことは、先生自身が選択し行動することへの自信をより強化していくことにつながります（144頁〜も参照）。

私たち作業療法士は、先生が子どもたちの問題を感じる行動を、障がいや特性などの病理的観点から理解しようとすることの代わりに、生活の困難を乗り越えて、彼らの願望をどうかなえていこうかと、考えていくことに集中できることを大切にしていきます。

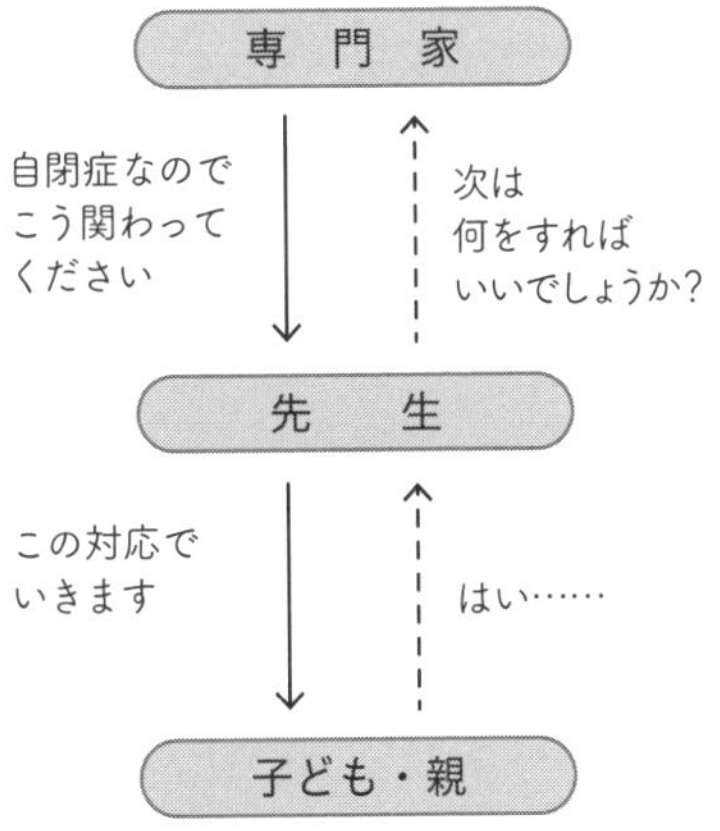

図）特性への対応に焦点を当てた巡回相談

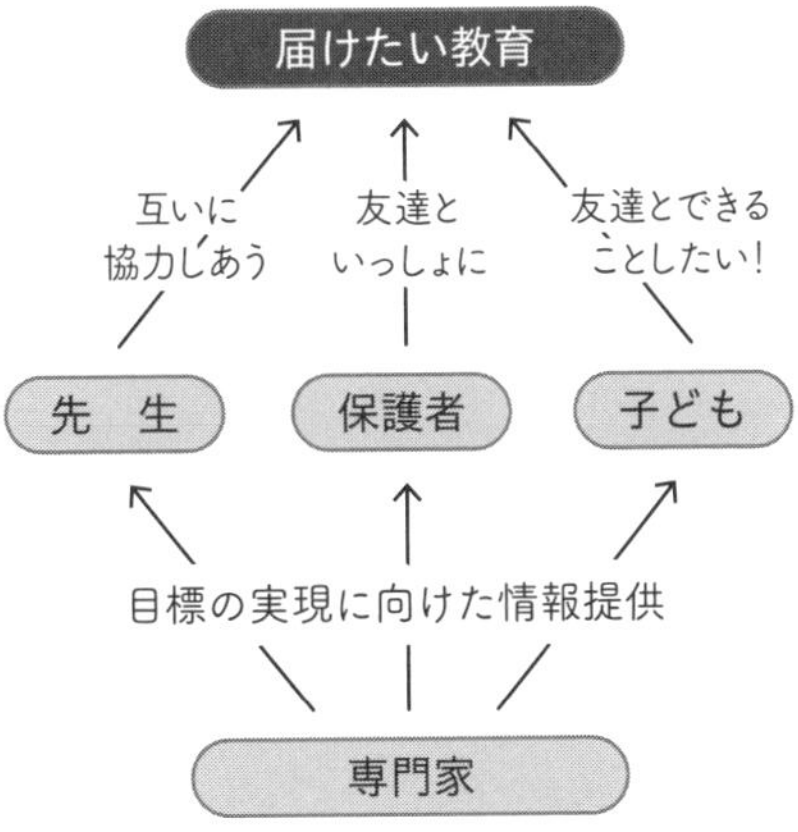

図）届けたい教育に焦点を当てた巡回相談

②継続的に変化し続ける生活のプロセスを築く

〈i．その人にとって意味のある作業〉

「届けたい教育」は、その子はもちろんその子に関わる人にとっても意味があるものです。私たち作業療法士は、このようにその人にとって意味がある活動を「作業」と呼んでいます。

一般的に「作業」という言葉には、「何かをする」というイメージ以外に大きな意味を感じないかと思います。しかし、作業療法士は「作業」をその人にとって意味がある活動と捉え、その人がその人の望む社会（家庭や学校、会社、地域など）に参加するための役割を保障するものであり、その人がその人らしく心を通わせ生活を築き続けていくために大切な意味をもつ活動として考えます。

つまり「作業」は、人と社会をつなぐ大切な活動なのです。

〈ii．届けたい教育は、子どもと学校をつなぐ〉

その子にとって学校でしたいことやすべきことは、学校生活のなかの「作業」です。たとえば、みんなといっしょに授業を受けること、給食を食べること、休み時間に好きな友達とドッジボールをすること、宿題をすることなど、いずれも「作業」と呼べます。そして「学校の作業」ができるということは、その子が安心して学校やクラスに参加するのを助けます。

ゆいまわるでも、行き渋りや不登校の子どもの相談があります。どの子も、宿題ができなかったり、授業中にノートをうまく書けなかったり、休み時間に友達と遊べなかったりと、必ず何か、その子にとって大切な「学校の作業」ができない状況にあります。

「学校に行きたい！」「友達と遊びたい！」「授業で活躍したい！」と思っていても、その思いを満たす「学校の作業」がうまくできないと、学校に所属することに不安を感じて行きづらさを感じるのです。

ですから、環境調整や関わり方の工夫で、その「学校の作業」ができるようになると、子どもたちは学校に安心して通うことができます。ゆいまわるが関わった多くの子どもたちが、「届けたい教育」として挙がった「学校の作業」ができると同時に、学校に参加できるようになっていきました。

〈ⅲ．届けたい教育は、担任の先生の健康を支える〉

先生がその子に「届けたい教育」は、対象児の成長に影響を与えるだけでなく、先生にとっても、担任という役割に自信とやりがいをもたらせ、クラス運営を健康的・発展的に続けていくためにも意味がある、大切な「作業」です。

●作業ができることを通してクラスとつながることができ、先生もクラス運営にやりがいを感じたケース（洋太くん）

小学校3年生の洋太くん（仮名）は、教室に行くことが不安で保健室登校をしていました。登校すると保健室に向かい、保健室の先生と遊んだり制作活動をしたりして過ごし、教室に行くことなく帰る毎日でした。

初めてのケース会議のとき、担任の先生はずっと黙っていて、保健室の先生がいろいろと報告し、意見を出していました。担任の先生は会議の最後に「私ももっと洋太と向き合うべきですが、本当にすみません」と話していました。

別の日に担任の先生から話を聞きました。先生は初め「何もわからなくてすみません」と話していました。つくりたいクラス、クラスにどんな子どもたちがいて、どんなふうに成長してほしいのか、などの話を聞いていきました。すると、本当は子どもたちが協力し合い助け合うクラスをつくりたいこと、みんなで1つの活動を共有し楽しめるクラスにしたいこと、その笑顔の真ん中に洋太くんもいてほしいことなど、先生の思いがわかりました。

洋太くんも「本当は友達と遊びたい」と話していました。さらに洋太くんは、保健室の先生など信頼している人には、お笑いの真似をして笑わせたり、家でつくったお菓子をあげたりするなど、人に喜ばれ楽しくしたいようでした。

目標1：子どもたちが協力し合い助け合えること
目標2：1つの活動をみんなで参加し楽しいと思えること
目標3：洋太くん自身がクラスの友達に喜んでもらえたと思えること

この先生と洋太くんの「届けたい教育」の実現に向けて、取り組みがスタートしました。お母さんと学校の先生たち、クラスの子どもたちみんなの話し合いで決まった作戦は、クリスマスパーティーでした。不安から友達には直接会えない洋太くんが、まず家庭科室で大量のクッキーを焼きました。そして空き教室に大きな段ボール迷路をつくりました。クリスマスの飾りつけをして、友達への招待状をつくりました。

どの活動も担任の先生が中心になって進めました。先生はこれら活動に「字を書く」「ハサミで切る」「計画を練って遂行する」など、さまざまな教育的な意味も込めました。この準備を通して、担任の先生は徐々に洋太くんと関わることの不安が消え、表情が明るくなりました。迷路も先生と洋太くんがいっしょにつくりました。

当日、招待状を手にやって来たクラスの子どもたちが、段ボール迷路やブンブンゴマなど用意された遊びを楽しみました。その姿をずっと部屋の外で見ていた洋太くんは、「どうやって遊ぶの？」「これすごい！」という友達の声に誘われて会場に入って行き、迷路の交通整理をしたりブンブンゴマの回し方を友達に教えたりし始めました。友達も久し振りに会う洋太くんを喜んで迎え入れ、「いっしょに遊ぼう！」「これどうやってやるの？」と声をかけていました。最後に準備していた大量のクッキーを配り、みんなで笑顔の写真を撮りました。

次の日、先生の提案で子どもたちは洋太くんに手紙を書きました。ありがとうのメッセージに続いて、子どもたちのさまざまなアイデアが綴られました。

「自転車好きなんだって？　今度いっしょに学校の周りを回ろうぜ」

「クッキーの次はケーキ焼きませんか？　私はケーキづくりが上手なので教えてあげたいです」

「今度は僕たちが保健室に行くからいっしょに遊びたいです」

先生が望んでいた助け合い協力する姿が、その手紙にはありました。ありがとうというたくさんの言葉は、洋太くんが望んでいた「喜ばれること」そのものでした。

担任の先生は、毎日保健室に顔を出すようになりました。洋太くんも「ランドセルはクラスに置きたい」と少しずつクラスに参加していきました。3学期には、通級教室で学びながら休み時間にクラスの友達と遊ぶようになり、保健室で過ごすことはなくなりました。

年度末に、担任の先生が振り返って話しました。

「初め私はどうしていいのか、どうやって関わっていいのかわからなかった。それどころか自分のクラスの子なのに、保健室の先生に任せっきりで、その状況に問題を感じることもできなかった。クリスマスパーティーの準備をしながら、この子の担任であることに迷いがなくなっていた。あの日から彼だけでなく、ほかにもどう関わっていいのか不安に感じていた子どもたちとも向き合えるようになっています」

そのときの先生は笑顔でした。

(iv. 届けたい教育はクラス全体の成長につながる)

先生が対象児に届けたい教育は、クラスの子どもたちにとっても「認められたい」「活躍したい」「頑張りたい」などさまざまな意味のある、できるようになりたい大切な「学校の作業」でもあるのです。「届けたい教育」ができることを通して対象の子がクラスに参加できるようになることは、クラスとその子をつなぐことになります。その子とクラスの子どもたちが「届けたい教育」を通してつながることで、対象の子どもの成長がクラスの子どもたちに影響を与えます。そして、クラスの子どもたちの成長もまたその子に影響を与えます。互いに影響し合い成長し合うプロセスを築くことができるのです。

クラスで「届けたい教育」がかなう環境をつくることは、そのクラスの子どもたちすべてに教育的な(子どもたちの成長につながる)影響を与えます。

●竹馬の女の子(さつきさん)

「脳性まひ。移動での転倒リスクあり。同年代の子どもたちと同じように鉄棒や縄跳びなどに参加することは難しい」

さつきさん(仮名)は、このような医師からの申し送りがある幼稚園の女の子です。転倒リスクへの対応として支援員がつき、常に手をつないで行動していました。

この幼稚園は1人に1つの竹馬をつくり、竹馬の練習が教育として取り組まれていました。しかしさつきさんは、身体的な配慮で缶ポックリを練習していました。クラスの子どもたちは、支援員に手を引かれて生活するさつきさんを気にすることはなく、話しかけることもしませんでした。

先生は「これでいいのだろうか」と不安を感じていました。相談を受けて先生から話を聞きました。そこで先生が「子どもたちが協力し合うクラスをつくりたい」と願っていることがわかりました。そのために、さつきさんがいつも支援員と生活するのではなく、本当は掃除や竹馬の練習も友達とできるようになってほしいと願っていました。

さつきさんは足の感覚が弱いものの、動かす力はあり、手の力もしっかりしていました。これらの情報を共有した先生たちは、用務員の人といっしょに、さつきさんの力を生かして乗れる竹馬をつくりました。足が外れないようスリッパのようにはける形にして、もちやすいように棒は細くしました。転んでも大丈夫なように丈は低くし、足場を安定させました。

でき上がった竹馬を見てさつきさんは、「これ使っていいの?」と練習を始めました。その様子を見て子どもたちが「いいねその竹馬!」と話しかけ始めます。そして、乗り方やジャンプの仕方などをさつきさんに教え始めました。

友達が協力し合うなかで竹馬を練習できるようになったとき、子どもたちはさつきさんを気にするようになりました。「いっしょに遊びたい!」「いっしょにやりたい!」というさつきさんの気持ちを聞いた子どもたちは話し合いました。

「僕たちが手をつないで歩けばいい!」

「遅ければ待ってあげればいい」
「できなければいっしょにやればいい」
こうしてさつきさんの生活と、さつきさんの周りの子どもたちは変わっていきました。

「届けたい教育」は、クラスの子どもたちにとっても、「認められたい」「いっしょにがんばりたい」という感情に影響を与え、できるようになりたいということに価値を感じる大切な「作業」なのです。

竹馬をクラスの友達と協力し合いながら上手になるという「作業」は、クラスの友達にとっても意味のあるものであったからこそ、さつきさんが竹馬を練習し始めたとき、手伝うことや教えることは自然な関わりとして育まれていきました。

竹馬を通して生まれた交流は、生活のほかの部分にも影響を与えます。教育が届くことは、その子どもたちがともに生活するクラスという社会の成長にもつながるのです。

Part. 4

協働関係を築く
目標設定

Thema 1

みんなで決める目標

1 目標とは

チームで関わる際の「目標の設定と共有」は、何に焦点を当て、何のために取り組むのかという目的をチームで共有し、方向性を示すために重要です。目標がなければ、現場で評価や情報提供はできません。

この重要な目標設定を、私たちは必ず先生、親といっしょに決めていきます。これには最初からチームで決める場合のほか、先生と親のそれぞれから話を聞きながら目標を設定し、その目標の実現に向けて協働的に取り組みながらチームの関係を築いていくこともあります。

ちなみに、子どもの生活の取り組みには、学校教育に関する目標（個別の教育支援計画書）や、福祉サービスの利用に関した目標（サービス利用計画書）、それぞれの福祉サービス事業所が作成する目標（個別支援計画書）など、さまざまな目標があります。保育所等訪問支援事業を利用して学校訪問をしているゆいまわるでの目標は、個別支援計画書の位置づけになります。

2 目標設定の不安

目標の設定と共有には、まず「目標は何のために決めるのか」という目的が重要です。

この目的をチームで共有する場には、「支援」という言葉が暗黙の了解として存在しています。「支援」とは何でしょう。支援には支援する側とされる側が存在します。支援者はクライエントと信頼関係を築き、ニーズを明らかにし、そのニーズのもとに支援計画を立て、支援を遂行していきます。この流れのなかで、自力では克服できない困難を抱えているクライエントに対して、専門的な知識や技術をもった専門家が手を差し伸べる関係が無条件で成立するのです。

クライエントは「支援」を受けることで困難を克服する糸口を見出し、状況の改善に向けた1歩を踏み出します。状況の改善はケースによってさまざまだと思いますが、どの場合も、「支援」は「クライエントのため」という「善意」を含んでいます。この「善意」にもとづいた「支援」は、支援する側にもされる側にも疑問をもたせない力があると感じています。しかし、この暗黙の了解として存在する「支援」という言葉を、私たちは問い直す必要があると感じています。

「支援」という言葉が存在すると、支援する側と支援される側の関係性が生まれます。そして支援される側はその前提として、その支援の矛先にある「問題」を解決すべき対象者である、という関係ができ上がります。その時点で、目標の目的は無条件に問題解決になりやすくなります。そのため支援する側は、どんな問題を抱えていて、その問題をどのように対応していくのか、という視点で目標をつくり出す傾向にあります。

実際、サービス利用計画の多くが「言葉が話せるようになる」「落ち着いて教室に居られるようになる」など、いま問題となっていることの改善をめざす目標や、「お母さんが子育てについて相談できる」など、問題に直面する側の人の生活の保障が多いようです。

会議に上る議題も、いま問題と感じている行動がどんなことで、それにどのように関わっていくのかという内容が多く、そこから導かれる目標も、その問題にどのように対応するかという対応方法になる傾向にあります。（参考：荒井浩道著『ナラティブ・ソーシャルワーク』新泉社、p32－33）

問題解決を目的とした目標設定をしない理由は、問題解決志向の課題があるからです（Part3 98頁～参照）。そのほか、「問題」と向き合ってからでは、先生、親、本人がチームをつくっていくことがとても難しく、苦しいスタートになるからです。

実は、私がボランティアをしていていた時期に一番着目していたのが、このチーム連携や目標設定をはじめとしたチーム会議についてでした。親や先生から話を聞き、会議に向き合うそれぞれの気持ちを学びました。

〈親の気持ち〉

親は学校に迷惑をかけている実状に申し訳なさを感じる反面、大切なわが子の行動を「問題」として明確にされていくことに不安を感じています。

また、発達検査や障がいというフレーズに不安を感じる人が多く、あるお母さんは「一度、発達検査を受けて障がい児と診断を受けたら、一生みんなといっしょに学校生活が送れなくなるのかと不安になる」と話していました。親は、発達検査や障がいの診断の先の生活に見通しがもてないことの不安を感じています。

〈先生の気持ち〉

先生は、問題と感じる行動について親に話をすることで関係が崩れないかと心配しています。

また、親が関わり方を提案した場合、それを学級運営のなかで行えるのかに不安を感じます。問題と感じる行動の解決は見通しがもちづらく、特にその子だけ特別に扱うような学級運営に影響する関わりは、それがいつまで続くのか不明確だと、先生自身も取り組み始めることができません。

〈子ども自身の気持ち〉

チーム会議に対象の子ども自身が参加することは珍しく、ほとんどが大人だけで話し合われます。しかし、会議室の外で待機している子どもたちと遊んで待ちながら話を聞いたところ、その子たちはみんな、自分のことが話し合われているのを知っていました。子どもたちは会議について「僕のこと話してるんでしょ。悪い子だから。みんな困ってるんでしょ」と平気な顔で話すのです。でも多くを触れずに遊びに戻る子どもたちの姿勢からは、寂しさも感じました。

このように互いに不安ななかで話を進めていく状況では、良好なチームの関係を築くことは大変難しいのです。訪問先の学校でも、親と学校の関係づくりの相談が大変多いのも事実です。

ではどうすれば、チームの目的や方向性を示す重要な目標を、安心してみんなで決められるでしょうか。

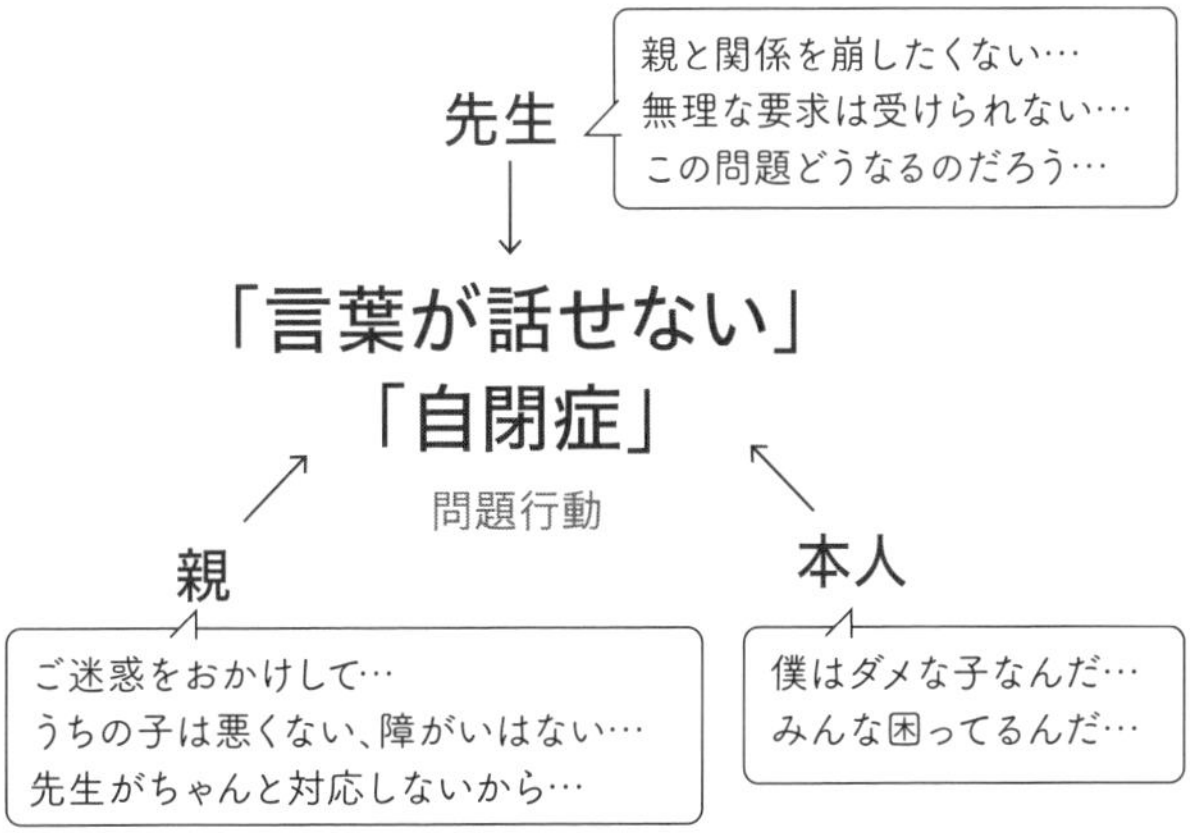
先生
親と関係を崩したくない…
無理な要求は受けられない…
この問題どうなるのだろう…
「言葉が話せない」
「自閉症」
問題行動
親
ご迷惑をおかけして…
うちの子は悪くない、障がいはない…
先生がちゃんと対応しないから…
本人
僕はダメな子なんだ…
みんな困ってるんだ…

3 目標をみんなで決める

私たちは問題解決のための目標ではなく、「届けたい教育」をかなえるための目標を設定します。

それは、先生がこのクラスでこの子に届けたいこと、親が子どもに願うこと、子ども自身が学校でできるようになりたいこと、チームみんなの期待したいことやできるようになりたいと願うことを、学校生活のなかのどんな活動をどのようにできれば、それぞれの思いが達成されるのかという、具体的な目標です。

これまでいろいろな目標をチームで立案してきました。

「授業中にわからないことがあっても、先生や友達の協力を得ながら安心して参加できる」
「グループの一員として掃除当番活動が、友達といっしょにできる」
「休み時間、友達といっしょに遊び、初めての活動にもチャレンジできる」
「授業中、自分の力を活かして期待されている活動に取り組み、やりがいや達成感をもてる」

これらの目標の立案は、そこまでの過程が重要です。

〈目標の立案とその過程〉

「授業中、自分の力を活かして、期待されている活動に取り組み、やりがいや達成感をもてる」

この目標は、ある小学校の2年生の男の子の目標でした。授業中、何度も自分の腕を噛みながら座り続け、うまく書けないとノートを途中で破り捨て、朝の登校時には行き渋ることも多く、苦しい状況でした。

- 授業中の自傷行為
- ノートを破る
- 気持ちが落ち着かないと授業課題にまったく参加できない
- 一度気分が崩れると立て直せない
- 学校への行き渋り
- 自宅で親を叩く
- 宿題ができない

これら彼に感じる問題は山のようにありました。それらを一つひとつ解決しようとがんばってきましたが、もう2年生になってしまい、やがては不登校になってしまうかもしれないと、チームは心配していました。

問題と感じる行動は、本当は期待したいことがあるけれどもうまくいかないから感じるものであり、視点を変えれば「届けたい教育」の入り口とも言えます。どうして問題に感じるのか、本当はどうなってほしいのか、それはなぜか、一つひとつの袋の口を紐解くように話していくなかで、先生とお母さんは徐々に「届けたい教育」を語り始めました。

先生はそんな彼を次のように思っていました。

「本当はいろいろできることも多い子なんです。できないことばかりに不安にならず、彼ができることで自信をもってほしい。本当はリーダー的な役割だってできる力がある。させてあげたいんです。だから自分に自信を持ってほしい」

お母さんには次のような願いがありました。

「いつも自分を傷つけている息子に、自分のやっていることに『これでいい』って自信をもって学校で楽しんでほしい。学ぶ最中だから間違えることだって、わからないことだってある。そのたびに止まって苦しまず、チャレンジして進んでいってほしい」

さらに、この男の子の学校生活の様子から、彼自身が「期待されていることをちゃんとやりたい！」と願っていることを、私たちチームは知っていました。そんなみんなの願いを出し合い、どんなふうに生活できればその思いが達成されるか、とチームで話し合ってできたのがこの目標でした。

では、その過程をさまざまな職種や立場の人といっしょに紡いで行くためにどうしたらいいのでしょうか。

Theme 2

視点を「届けたい教育」に変えて行くための面接

具体的な問題に目が向きがちな私たちが、希望や期待することで目標をつくっていくために重要なポイントを、面接の過程に即して紹介します。

これまでの「支援」という文化は問題解決志向でした。ですからすぐに「届けたいことをみんなで話し合おう！」と切り替わるものではありません。面接でも、初めは困っていることや感じていることが話題として出ます。それが自然な流れなのです。

大切なことは、そこから焦点を届けたいことに向けて行くプロセスにあります。それは次の5つです。

〈目標設定のプロセス〉

①目標設定の目的を共有する
②届けたい教育の入口を出し合う
③問題の先の届けたいことを考える
④届けたいことの具体的イメージを共有する
⑤目標として共有する

1 目標設定の目的を共有する

最初に必ず、目標設定の目的を共有します。

「いろいろなことを悩まれていると思います。不安に感じたり、問題を感じたりするのは、みなさんが本当は、こうなってほしいと強く願うことがあるから、それができない状況に問題や不安として感じているのです。ですから、これからそのできるようになってほしいと思っていることを目標にしていきたいと思います」

目的の説明はケースバイケースですが、いつもこのように説明して始めています。目的を共有する前から、お母さんや先生が不安を話し始める場合もあります。そのときも、それを受け止めながら目的を共有していきます。

「なるほど、それは大変でしたね。先生がそのことを一生懸命に対応されるのは、本当はこうなってほしい、本当はこのクラスをこうしたいと思うからこそではありませんか？　ぜひ、その本当はこうなってほしいことをみんなで目標として挙げていきましょう」

2 届けたい教育の入り口を出し合う

目的をしっかり共有すれば、そのあとは安心して話を進めていけます。

「先生やお母さんがいま感じている問題は、届けたい教育の入り口です。まずは、その入り口をたくさん出していきましょう！」

通常、問題を話題にするのは、話す側も聞く側も大変不安になります。しかし、「届けたい教育」の入り口として目的を共有した問題のピックアップであれば、その先に必ず期待すること、できるようになってほしいことがあると思いながら話し合うことができます。実際、私の経験してきた面接でも、この時点ですでに明るい雰囲気になっています。

面接の開始時に、参加者が不安をかかえていることは少なくありません。お父さんが腕を組んでいたり、お母さんが下を向いていたり、先生が不安な表情をしていたりするようなスタート時の雰囲気も、目的を共有した後の話し合いでは、情報が出れば出るほど明るくなっていきます。

話の切り口は、先生や親が話しやすい内容で大丈夫です。問題と感じて悩んでいることはみんなが直面していて、話も出やすい傾向にあります。そのほか、いま取り組んでいること、エピソード、失敗体験など、切り口はどこからでもOK。

① 具体的な進め方

ゆいまわるではADOC-S（82頁参照）を活用して面接を進めますが、アプリがない場合は図のように、付箋を使うこともおススメです。「届けたい教育」の扉である問題と感じることを、項目ごと付箋に書きながら机の真ん中に出していきます。

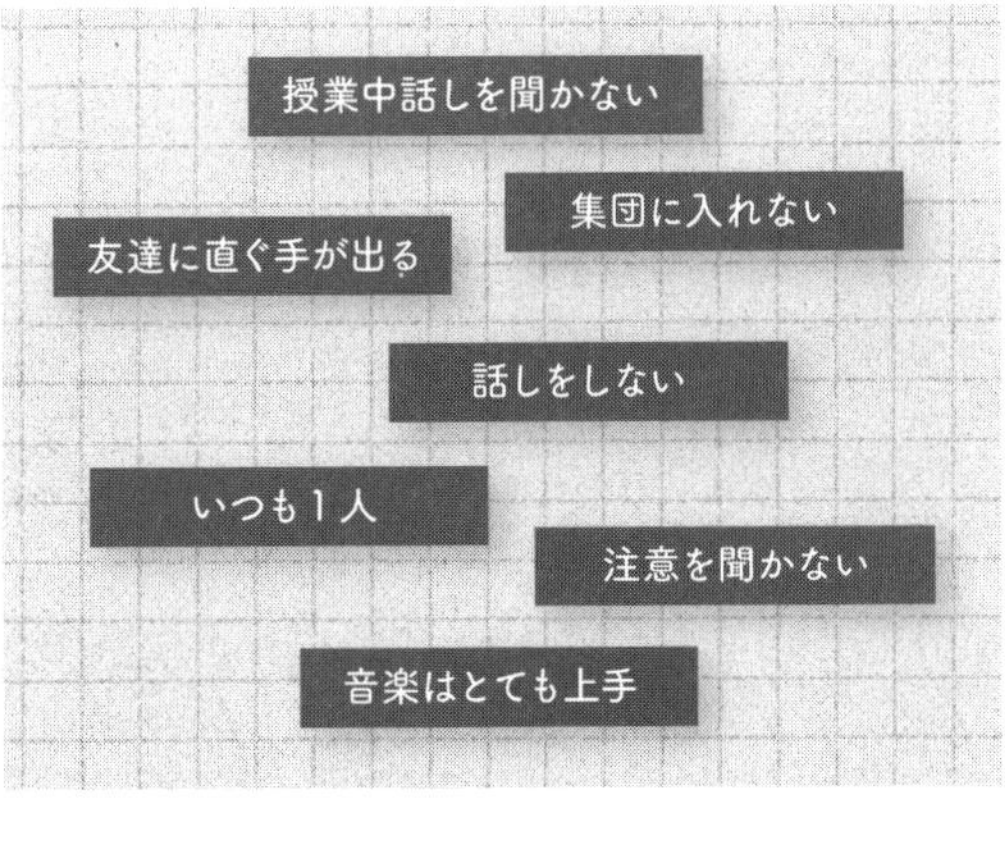

目標設定の目的をチームでしっかりと共有できていれば、どんなことからでも大丈夫です。

3 問題の先の届けたいことを考える

たくさん出た問題を、具体的な届けたいことに変えていきましょう！

「その問題を感じるのはどんな場面ですか？」
「その問題は、生活のどのようなときに感じますか？」

このように、問題として挙げられたことが、生活のなかのどの作業に影響しているのかを聞いていきます。

たとえば「友達を叩いてしまう」という問題の項目について、その問題を先生がどの生活の活動場面で感じるのか、どんなときにその問題に悩むのかを掘り下げて聞いていくと、生活のなかのどの作業に影響をしているのかにたどり着きます。

② 具体的な進め方

付箋を使って項目ごとに挙げた問題と感じる行動について、生活のどんな活動の場面でどの問題を感じるのか、カテゴリーをつくりながら分類していきます。

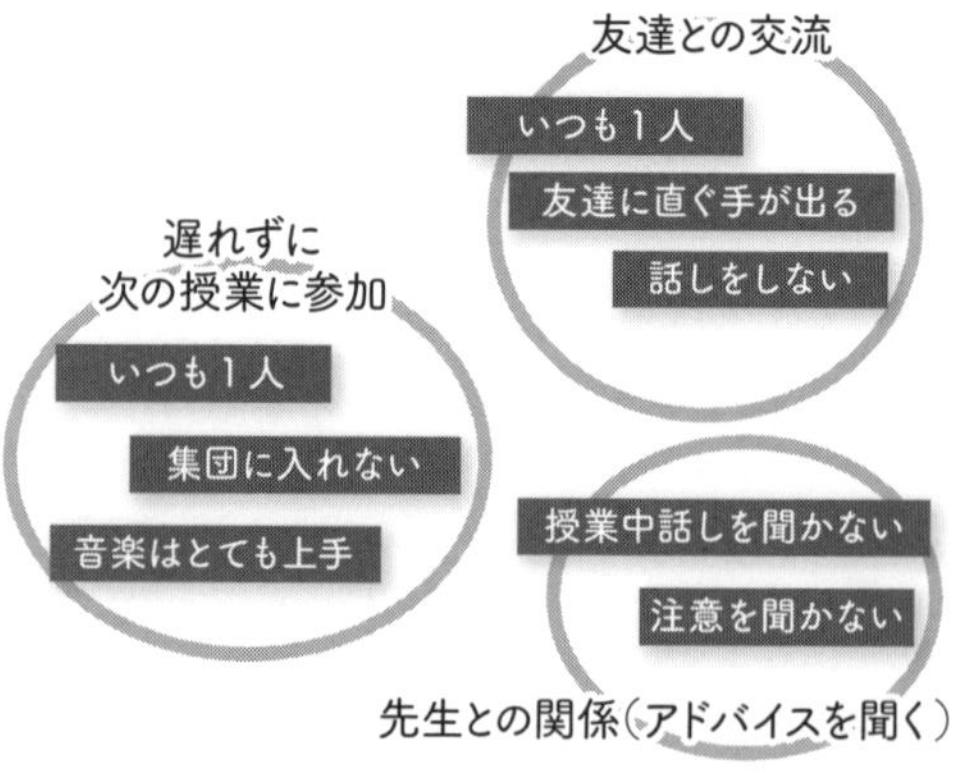

友達を叩いてしまう
生活のどの活動場面でそのことを感じますか？
友達を叩いてしまうから、なかなか友達と交流できないみたいです。でも本当は休み時間に友達と仲よく遊んでほしい
友達と意見が違うとすぐ叩いてしまうんです。でも本当はグループ活動で友達の意見を取り入れられるようになってほしい
自分が思う通りにならないと友達を叩いてしまうけど、本当は給食当番を協力しながらさせたい

このように、ピックアップされた問題の先の届けたいことをどんどんみんなで話し合っていく工程を通して、問題解決に向いていた焦点は、徐々に具体的な届けたいことに向いていきます。

4）それぞれの活動について、みんなの期待することを共有する

それぞれの活動について、本当はどうなってほしいのか、それができることによって何を望んでいるのか具体的に挙げていきます。

「そのことができることはどうして大切だと思いますか？」

「本当はどんなふうにできることを期待していますか」

たとえば、休み時間に友達と仲よく遊んでほしいという事柄について、次のようなやりとりが期待できます。

5）届けたいことの具体的イメージを共有する（短期目標）

問題の先にあるできるようになってほしいことと、なぜそ

③ 具体的な進め方

それぞれの活動について期待することを話し合います。挙がった項目を色の違う付箋で記載し貼っていきます。

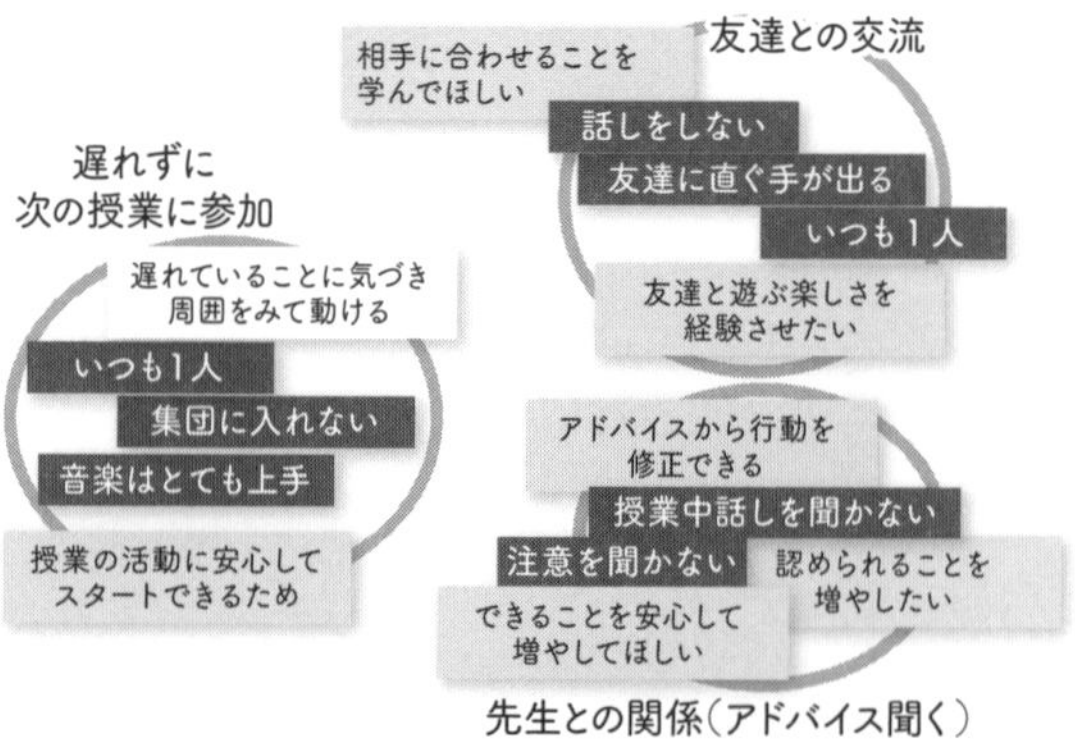

れが大切なのかを共有できたら、たくさん挙がった「届けたい教育」のなかから、目標にする作業を3つ選び、さらに具体的なイメージをチームで共有していきましょう。

「そのことがいつ、どこで、どんなふうにできていたら、成長を感じますか？」先生や親が、こうなってくれたらうれしいということをみんなで話していくのです。

休み時間に友達と遊んでほしい
そのことがいつ、どこで、どんなふうにできていたら、成長を感じますか？
学校で友達と遊んだことを家でお話ししてくれるとうれしいな
サッカーとか友達とスポーツを楽しめるといいな
週に1回、体育館使えるときがあるんです。そんなときに友達とドッチボールとか鬼ごっことかいっしょにできるといいですね

こんなふうに「友達と遊べる」という作業を具体的にイメージしていくことで、チームのメンバーが互いに、できるようになってほしい生活を具体的に共有することができます。

短期目標

友達との交流

いつ・どこで・どのように
昼休みに、友達と一緒に楽しく遊ぶことができる。
学校で遊んだことを家庭でも話すことができる。

目的・意味・想い
友達と遊ぶ楽しさを体験させたい
相手に合わせることを学んでほしい

課題となること
話しをしない
いつも1人
友達をすぐなぐる

さらに「体育館で遊ぶ機会があるんですか。それいいですね！」「いずれはサッカー部に入れるといいですね」などと、話のなかで先生の「届けたい教育」を親が知る機会になり、親の願いを先生が知る機会にもなります。互いのその子への思いを共有することは、信頼関係の構築にも強く影響します。

6）目標がかなった先の期待する生活を共有する（長期目標）

通常、短期目標は長期目標を決めてから、その長期目標に向けたスモールステップの目標として立案することが多いかと思います。

しかし、目の前の問題に向き合っている状況の先生や親は、「3年後この子がどうあってほしいと期待しますか？」と聞かれても、まずは目の前の問題に追われていてそんなことは考えられない、という状況が多いようです。また視点が問題行動の解決だけに向いているときは、将来を期待するという視点をもちづらく、長期目標の立案も視点を変えていく過程が必要になります。

そこで私は、目標設定で短期目標を決めていく過程を通して、

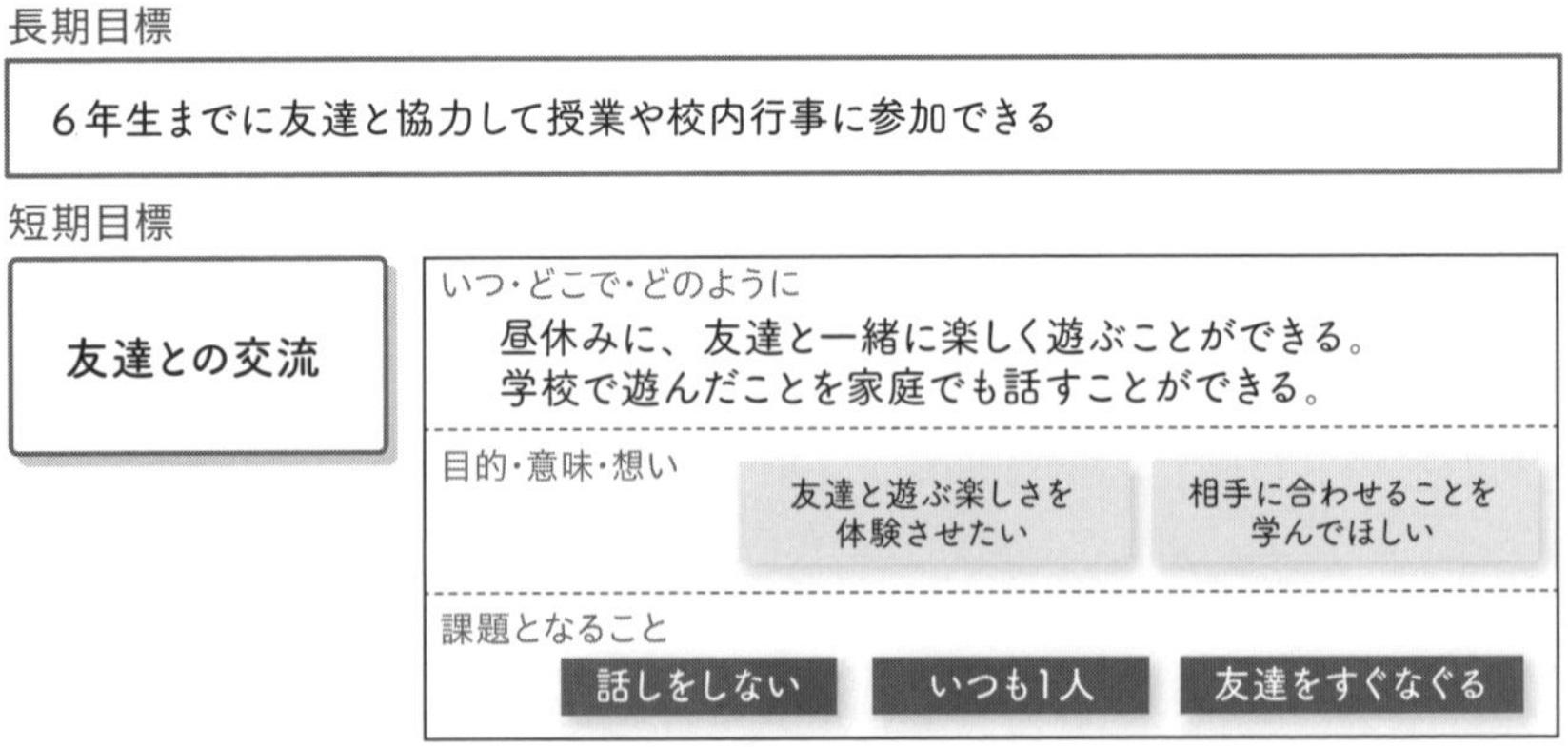
長期目標
6年生までに友達と協力して授業や校内行事に参加できる
短期目標
友達との交流
いつ・どこで・どのように
昼休みに、友達と一緒に楽しく遊ぶことができる。
学校で遊んだことを家庭でも話すことができる。
目的・意味・想い
友達と遊ぶ楽しさを体験させたい
相手に合わせることを学んでほしい
課題となること
話しをしない
いつも1人
友達をすぐなぐる

視点を問題行動の解決から「届けたい教育」の実現に変えていき、そこから長期目標を決めていく流れを取っています。

「いま、お子さんにこれらの『届けたい教育』ができるようになることが大切ということですね。ではこの目標ができるようになったら、この先お子さんにどんな生活を期待したいですか？」

7 目標として共有する

問題と感じる行動を共有し解決に向けて話し合う場合は、「息子さんはあまり話をしないようで、休み時間も1人でいることが多いんです。友達と遊べるように促してもトラブルになりやすく、手を上げてしまうようなんです」という情報共有になりやすく、問題行動が中心となります。

「届けたい教育」の実現に向けた情報の共有は次のようになります。

〈期待する将来の生活〉

６年生までに友達と協力して授業や校内行事に参加できる。

〈いま届けたい教育〉

休み時間に友達といっしょに楽しく遊ぶことができる。

〈**教育の目的・意味・想い**〉

遊びを通して友達と交流する楽しさを体験してほしい。遊びを通して相手に合わせることも学んでほしい。

〈**目標に向けて課題となること**〉

話をしないこと。1人でいる時間が多いこと。友達とのトラブルで手を上げやすいこと。

このように、目標と取り組みの目的が「届けたい教育」の実現であり、情報の主人公が「届けたい教育」になります。「届けたい教育」をどのようにかなえていくのかという視点でチームを組むと、親と先生の間で安心してスタートしやすいのです。

8 みんなで決める教育支援計画書のアプリケーション

このような面接は、初めての人には不安があるかも知れません。そのためのアプリケーションもあります。ADOC-S〈Aid for Decision-making in Occupation Choice for School〉、82頁章参照）。ADOC-Sの開発には私も参加しました。

ADOC-Sは、特別な面接技術がなくても、その子自身ができること、興味をもっていること、先生や親がその子にできるようになってほしいことに焦点を当てて目標設定をしていくことができる、タブレット型端末用アプリです。

これにより、国際生活機能分類小児版（ICF-CY）の活動と参加に準じた68枚のイラストを、支援に関わるみんなで選ぶプロセスを通して、幼児児童生徒の将来のために、いま届けたい教育、いま必要な活動、いまやりたいことなどを整理することができ、その実現に向けて家庭、学校、地域で目標を共有しチームでサポートすることを助けます。

※ADOC-Sを活用しての実践の詳細は、仲間知穂・松村エリ・上江洲聖・友利幸之介「保育所等訪問支援における巡回型学校作業療法」『作業療法』37：427-433、2018．を参照。

9）協働的なチームづくり

チームでは、本人、親、先生、専門家が、いま必要な教育、望むこと、やりたいことを語りあい、届けたい教育の目標として共有し、互いの立場や役割を活かして協働的に取り組む関係をつくり上げていきます。問題を提起する側や、支援する側、される側といった関係ではなく、互いに子どもに届けたいことをかなえるチームの一員としての協働関係を構築していきます。この協働関係は、その目標の実現に向けて、それぞれがありのままに参加することを可能にします。

仕事が忙しくなかなか子どもと時間が取れない、兄弟が多くて子育てが大変、子育てがまだ苦手で向き合うことがなかなかできない、など親の状況もさまざまです。また先生も、新任やベテラン、学級運営が

忙しくてまとまった時間が取れない、その子以外にも多くの向き合うべき子どもたちがいるなど、状況はさまざまです。

その生活状況やその人のもっている技術などの変化や改善を求めるのではなく、先生がいまの学級運営のなかで、親が仕事をしながら、あるいはほかの兄弟も育てる生活環境のなかで、それぞれのありのままの生活のなかでまずできることから参加することができます。

なぜ「まず、できることから」始めて大丈夫なのか。それはこの目標が「届けたい教育」だからです。「届けたい教育」の実現は連鎖し続け、その子とその子に関わるすべての人の生活に変化をもたらし続けます（107頁〜も参照）。そして、その変化が先生・親・本人・クラスの子どもたちの次の目標への自然なステップにつながります。

「まず、できることから」が、たとえひとかけらの取り組みであっても、そのひとかけらの教育の実現は、確実に生活を変化させ続けるのです。

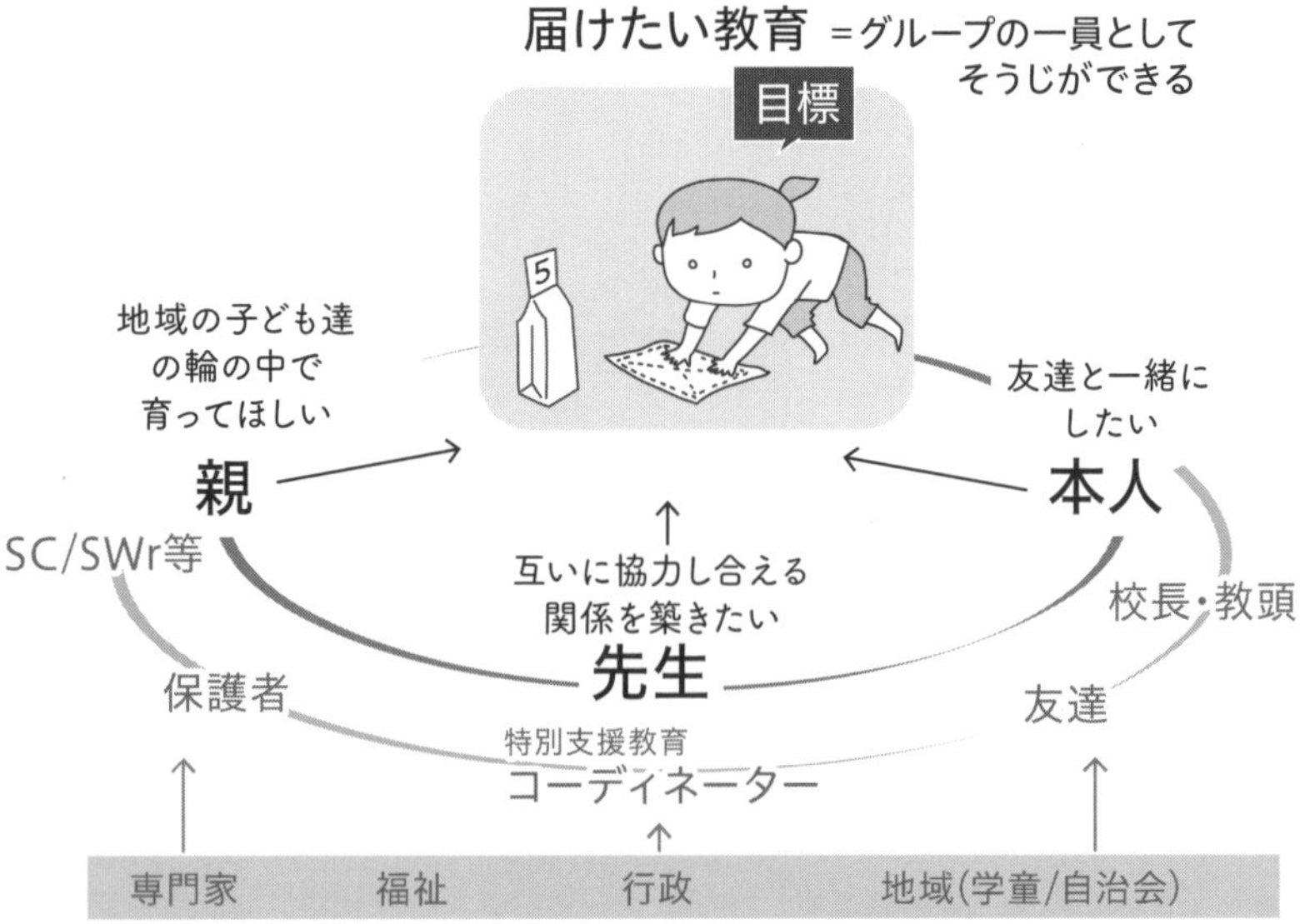

Part. 5

チームでかなえるための情報共有

1）活動単位ではなく工程（行為）単位で見る――作業遂行を評価する

目標をかなえるためには、その実現したい作業を具体的に分析していきます。分析といっても難しく考えるのではなく、活動単位でできるか否かを考えず、工程単位で考えていくだけでもまずは大丈夫です。

ちなみに作業療法士は、養成校で基礎作業学という学問を学びます。そのなかで、さまざまな活動を課題レベル→工程レベル→行為レベル、さらにそれぞれの行為に必要な能力へと、細かく分析することを学んでいます。

では、活動を工程ごと考えてみましょう。

休み時間にいつも1人で本を読んでいて、友達となかなか遊ばない2年生の男の子がいました。担任の先生は、高学年になったときに係や委員会活動、グループ活動などを友達といっしょにできるようになってほしいと期待し、そのために、2年生のうちに遊びを通して友達と交流できるようになってほしい、と語りました。

そこで「友達と休み時間に楽しく遊ぶことができる」という

表1）課題と工程と目的指向的行為

課題	ご飯を炊く		
工程	米をとぐ	水を入れる	炊く
目的指向的行為	・米に手を伸ばす ・米を取る ・内釜まで持ってくる ・内釜に米を入れる ・蛇口に手を伸ばす ・蛇口を持つ ・蛇口を回す ・米に手を置く ・米をとぐ	・炊飯器へ米の入った内釜を運ぶ ・内釜を持ち上げる ・炊飯器にセットする ・水を取りに行く ・水を運ぶ ・水を持ち上げる ・水を注ぐ ・目盛りを読む	・炊飯器のふたに手を伸ばす ・ふたを持つ ・ふたをする ・スイッチに手を伸ばす ・スイッチを押す ・待つ ・終了合図音に気づいて立ち上がる

「届けたい教育」の目標を挙げました。
友達と休み時間に楽しく遊ぶという活動には以下の工程があります。

工程1↓友達を誘う・誘いに乗る
工程2↓友達と1つの遊びを共有する
工程3↓意見の違いを相談する
工程4↓遊びが変わっても再度、その遊びに乗る
工程5↓また遊ぼうと約束するなど

それぞれの工程を見て「できないこと」「できること」を挙げてみましょう。ここでは工程2の友達と1つの遊びを共有することについて考えてみます。

［工程2］友達と1つの遊びを共有する

できないこと（問題点）	できること（利点）
△友達の遊びに興味をもたない △友達の輪のなかに入らない、いなくなる △友達に合わせようとしない △アイコンタクトや返答がないため、いっしょにやっていると思われない	○自分の好きなことは集中できる ○ポケモンの話になると友達の輪に入って行ける ○年下の子には優しくなる（年下など明確な関係では相手に合わせている）

友達と交流の楽しさを教えたい！

工程	行為／技能	かなえるための作戦会議
友達を誘う	▲友達の遊びに興味が持てない	●興味のある遊びで交流の場を作ったら？
友達と遊びを共有する	△交流の輪からいなくなる	●遠く離れない部屋の中で活動したら？
意見の違いを相談する	△相手の様子に合わせない	●合わせずにも遊べることは？ ●合わせられるよう先生が繋ぐ？
次の約束をする	◎自分の好きな遊びはずっとやっている	●ずっとやれるなら交流の場からいなくならないね
	◎友達の方法を否定しない	●年下の子と交流や、役割活動を試してみよう

チームでかなえるための視点

友達と交流の楽しさを教えたい！

具体的な目標

目標を遂行する上での具体的な問題点と利点

かなえるためのチーム会議

工程	行為／技能	かなえるための作戦会議
友達を誘う	▲友達の遊びに興味が持てない	●興味のある遊びで交流の場を作ったら？
友達と遊びを共有する	△交流の輪からいなくなる	●遠く離れない部屋の中で活動したら？
意見の違いを相談する	△相手の様子に合わせない	●合わせずにも遊べることは？ ●合わせられるよう先生が繋ぐ？
次の約束をする	◎自分の好きな遊びはずっとやっている	●ずっとやれるなら交流の場からいなくならないね
	◎友達の方法を否定しない	●年下の子と交流や、役割活動を試してみよう

このようにその子が（人）、そのクラスで（環境）、その期待されている活動を（作業）する時の「できないこと（問題点）」と「できること（利点）」を具体的に分析していくことを、私たち作業療法士は「作業遂行評価」と言っています。作業遂行評価は、できるための工夫や関わり方の提案が生まれます。この男の子のチーム会議では、次のような提案が話し合われました。

「友達の遊びに興味がもてないけど、自分の遊びには興味をもてるし、自分から入っていける。なら、この子の興味のあることを遊びに取り入れてはどうだろうか」

「年下にはお兄ちゃんとして、相手に合わせようとできるから、1年生と何かやれる役割や活動から交流の機会をつくってはどうだろうか」

これらの案は、先生や親、支援員や養護教諭など、さまざまな立場の人が、それぞれ自分ができることとして提案できます。大切な教育をかなえるための「まずできることから」をテーマに作戦会議ができるのです。

2 かなえる視点は「できることを」増やす視点

① Positive Behavior Support（PBS）

PBS※（ポジティブな行動支援）という視点があります。

※PBS（Positive Behavior Support）＝ポジティブな行動支援。さまざまな分野にわたってポジティブな支援をシステムとして取り組むアプローチ。（日本ポジティブ支援行動ネットワークのWebサイトより https://pbisparty.jimdo.com/ポジティブ行動支援とは）

PBS（Positive Behavior Support）とは、児童生徒の問題行動のみに目を向けるのではなく、その場面に適切な行動・望ましい行動・期待されている行動・あるいはできていることに目を向けていく考え方です。問題だけに着目する「問題行動着目型」から、適切な行動に着目することで具体的な解決方法の方策にまでたどり着くことをめざす「適応行動着目型」への転換と言えるものです。

人間がある場面でできる行動は1つしかありません。児童生徒がある場面で、その場面にふさわしい行動ができないために、結果として問題行動になります。逆も同じで、その場面で適切な行動を取れば、結果として問題行動は減っていきます。つまり、問題行動を減らすという考え方から、望ましい行動・適切な行動・期待される行動を増やすという考え方に発想を転換するのです。

（参考資料：石黒康夫・三田地真実『参加型マネジメントで生徒指導が変わる』第1版、図書文化社、2015年）

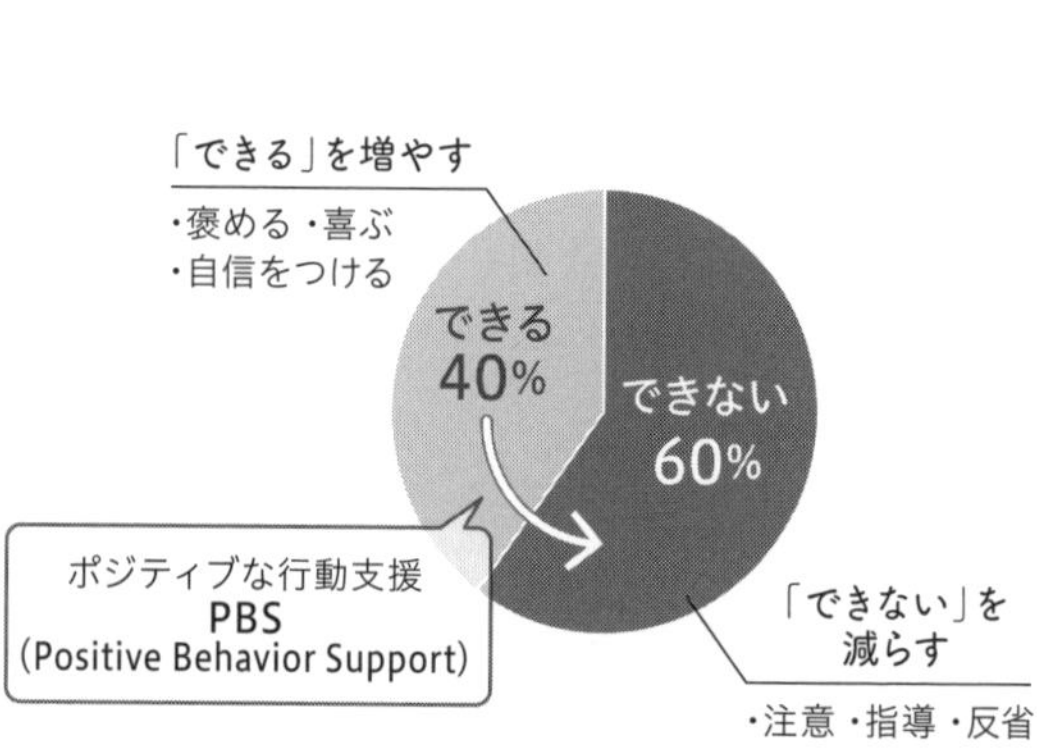

できないことを減らすとなると、注意してできていないことを気づかせ、反省を促し、次に失敗しないように学んでもらうスタイルになります。

できることを増やすとなると、できていることを伝え、自信をもたせ、よりできることを増やすために応援し、できたことをともに喜ぶスタイルになります。

どちらの方法も「できる」をかなえるための関わりですが、後者のほうが先生も子どもも楽しく取り組み、いい関係が築きやすいようです。ＰＢＳは主としてこちらを重視する方法です。

これまでの経験から、かなえるための作戦会議を経て選択される手段は、できることを増やす視点での取り組みが多く、また、その先生の取り組みを通して子どもたちの変化も著しいものが見られます。

②「できる」を増やす視点でのクラスづくり

ある小学校で、おしゃべりやノートを書かないなどの授業拒否が多く、授業が成立しないという4年生のクラスの相談を受けました。「子どもたちが楽しく主体的に授業に参加してほしい」と願っている先生に、その教育の実現に向けた情報提供をチームで行いました。

先生は、子どもたちが座ることに過剰な努力を必要としていることや、本当は活躍したくて、先生のことを気にしていることを知りました。

「ならば座ることをがんばらせるよりも、子どもたちの『自分が発表したい』という思いを増やすことを選びたい」

そして先生は、授業中に何度も動き、立って移動する授業スタイルをつくりました。子どもたちは座ることへのストレスが減り、発表できる機会を活かし、授業中は半分以上の子どもたちが挙手するクラスになっていました。

子どもの成長する力は、私たちが予測するよりもはるかに大きく、できることを伸ばせる環境づくりは、子どもたちの体質に合っているようです。

3 情報の質と量とタイミング

① 専門家としての使命感と情報提供

「専門家はクライエントが抱えている問題の原因を専門的に分析し、改善や治療につながる専門的な情報提供をすることが使命と考えやすい」

これは『ストレングスモデル』（前掲）にある一文です。私もこの言葉と出合ったとき、それまでよかれと思って行ってきたことを考え直すきっかけになりました。

学校訪問を始めた当初、目の前の子どもたちの様子（現象）から、専門家としてわかるさまざまなことを先生に伝えないといけないという勝手な使命感を感じていました。まさに文也くんの事例（103頁参照）にあるように、その情報で現場の先生を苦しい状況に追い詰めてしまった苦い経験もあります。

当時はボランティアだったため、校長先生や主任の先生からフィードバックもありました。そのことで行き過ぎた専門家の道を修正することができ、いまは〝専門家先行〟の考えはなくなりました。その経験のなかで、私たち専門家が情報の質と量、そして提供するタイミングに十分注意を払う必要があることを学びました。

② 学校に入る文化のない作業療法士の不安

私が学校訪問を始めた当初、「噛む」「逃げる」など問題と感じる行動を目の当たりにしたときに、子どもが大人に一生懸命メッセージを送っている状況と感じ取り、この子を守らねばという使命感に襲われました。

専門家は子どもたちの行動から、言葉に表現できずにいる気持ちもくみ取ります。大人に伝えられるのは自分たちしかいないと思うと、その使命感はよりいっそう大きくなります。

また、もともと学校現場に作業療法士が関わる文化はありません。ですから作業療法士の必要性を伝えるのは、病院で最初からリハビリ目的の人に説明するよりも難しい場合があります。何のための訪問に来たのか、作業療法士とは何者か、何ができるのか……。私たち作業療法士もその環境に不安を抱えているため、早く明確な関係を結びたいと焦るのも確かです。その状況も、専門的な情報提供をしたくなる要因の1つにあると思います。

当時、ある作業療法士から「学校現場で専門的な情報を提供しないと、何のために訪問しているのかわからない。役に立つ存在として学校に受け入れてもらうためにも必要なことだ」とアドバイスを受けたこともありました。

このように、受け入れてもらうことに努力を要する現場ということも、専門的な知識の提供に焦る状況をつくり出していると感じます。

③ 専門的な情報が制限するもの

しかし、専門的な情報はさまざまなことを制限します。まず、問題を紐解いた時点で、その事柄は「問題」というやっかいなものとして登場します。そして、その解決に向けて先生や親、本人が努力を払うことを強制します。

さらに、「注意障害」「感覚過敏」「自閉症」などの専門用語で、その問題や原因は特別なものと意識し、生活に特別な関わりを取り入れたほうがいいのではないかと考えるようになります。そのことで、それまでの自由な取り組みや生活のなかで行ってきたことに、先生や親が疑問をもつようになることもあります。問題解決のための特別な関わりは決して悪いことではありませんが、先生の「届けたい教育」、本人がしたいこと、親がわが子に期待することなどに心を弾ませ、その実現に向けて主体的に参加していこうという協働関係を築くには、難しいことが多いと思います。

④情報提供で気をつけること

では情報提供の際、どのようなことに配慮が必要なのでしょうか。私が学校現場で特に気をつけている3つのポイントについてまとめてみました。

〔i．評価と情報提供の目的を伝える〕

「情報を提供する」ということは、それだけ責任のあることだと常に心において、特に学校現場では、先生の自由な選択を奪わないよう注意しています。

ゆいまわるでは、先生の「届けたい教育」や親の願う生活、本人がしたいことに対し、私たちは絶対の無知であるという姿勢を保った上で、興味をもって教えていただくことから入ります。そして、その「届けたい教育」の実現に向けて評価すること、情報提供することを事前に伝えています。

私たちが行う評価と情報提供が「届けたい教育」の実現のためであると目的を伝えることは、その後の取り組みにおいて、先生や親がその情報を自由に活用できるか否かにつながる重要なプロセスです。この手順（情報提供のタイミング）は絶対に必要なこととしています。

〈ⅱ．情報の形を先生が使っている言葉に合わせる〉

私たちは、専門用語を使わないことはもちろんのこと、先生が使っている言葉に沿って情報の形（情報を表現する言葉）を整えています。

たとえば「多動」ということも、「騒がしい」「元気がある」「落ち着きがない」「頑張っているけど我慢しきれない」など、その状態を表現する言葉はたくさんあります。表現する言葉を合わせることは、先生がその事柄に親しみを感じ、生活のなかで当たり前に取り扱える情報として受け取るのを助けます。

また、先生が「落ち着きがなくて……」と表現したことに対し「それは注意散漫のために、ほかのことに注意が向いてしまっているんですね」と私たちが表現すれば、落ち着きのなさは途端に「症状」として意識づけられます。

あるいはそこで、私たちが「元気があるんですね」と表現すれば、子どもの行動をプラスに評価しなかったことを先生に意識づけることになり、先生にプラスに考えるという選択肢を強制することにもつながります。

「落ち着きがない＝元気がある」と、プラスにもマイナスにも捉えられると言いますが、ゆいまわるでは情報提供の目的が十分に共有できていない状況では、そのようなリフレーミングの使用にも注意を払います。

〈ⅲ．「やってみよう！」につながる情報の質や量〉

「届けたい教育」が明確になり、その実現に向けて取り組むことを契約した上で情報を提供します。このタイミングに加え、先生や親、本人が「そうか！」「だからか」「じゃあこうしてみよう」と情報を活用していけるよう、その量と質にも気をつけます。

私たち作業療法士が行う作業遂行評価は、届けたい教育をその子がこのクラスで友達といっしょに行う際の問題点と利点を具体的にすることにより、チームが「こうしたらできる」を考えていくことを支えています。（138頁も参照）

4）学校と連携する取り組み

①クラスづくりへの取り組み

担任の先生は30～40名の子どもたちをみながらクラスを運営しています。時には、届けたい教育が届かないと感じている子どもが複数名いる場合もあります。

担任の先生や教頭先生、特別支援教育コーディネーターとの相談のもと、時には私たちがクラス全体に関わることもあります。先生がクラス運営に安心して携わり、教育を届けられれば、担当している子どもを含め、クラスの子どもたちが健康になるからです。

〔i．先生の期待するクラスづくりを知る〕

クラスづくりを支えるときも、私たちは必ず、先生がこのクラスに願うこと、学んでほしいと期待することを聞いていきます。

クラス全体の運営がうまくいかず、担任の先生が不安になっている場合、初めは現状の問題についての話になりがちですが、私たちはその問題の扉の先の「届けたい教育」を聞いていきます。

〈ⅱ．担任の先生の教育の実現に向けてクラス全体を評価する〉

クラスを観察するときは、離席している、ノートを出していないなどの行動も、善悪の判断をせずに1つの現象として見ていきます。どうして離席したのか、どうしてノートを出さなかったのか、など行動から子どもたちの状況を把握していくのです。

うまくできずに怒られる経験が多く、周囲の期待に反した行動を選択している子、笑顔でいるけれども字を書く、黒板を見る、話を聞くなど授業で必要な行動ができずに苦しいと感じている子、先生の注目を誰よりも浴びようとふざけたり授業にチャチャを入れたりする子などの行動を、ありのままに集めていきます。

作業療法士は、人の行動を分析する専門家でもあるため、行動から人の意図も感じ取りやすく、行動から子どもたちの思いを少し感じ取ることができます。そんな子どもたちの願いも情報として集めていきます。

〈ⅲ．先生と協働的に取り組むクラスづくり〉

先生がしたいクラスづくりのために、子どもたちがうまく力を発揮してできるための情報提供を行い、先生のクラス運営を支えていきます。

このような関わりは「できないから配慮する」のではなく「期待すること・できるようになってほしいことを実現するために、教育の届け方を先生が自由につくり出す」という考え方にもとづいています。

5 子どもの家庭環境への取り組み
——子どもの貧困課題と作業療法

① 子どもの家庭環境（子どもの貧困問題）

ゆいまわるが関わる子どものなかには、家庭環境が複雑な子もいます。沖縄では29・9％の子どもが相対的貧困状況であると言われています。

貧困の概念には「絶対的貧困」と「相対的貧困」があります。「絶対的貧困」とは、人々が生活するために必要なものは、食料や医療などその社会全体の生活レベルに関係なく決められるものであるという考え方で、それが欠けている状態をさします。つまり、生命を維持するために最低限必要な衣食住が足りていない状態です。私たちが「貧困」と聞いて一般にイメージするのはこのような貧困かと思います。

「相対的貧困」とは、人々がある社会のなかで生活するためには、その社会の「通常」の生活レベルから一定距離以内の生活レベルが必要であるとの考え方にもとづくもので、その地域や社会において「普通」とされる生活を享受できない状態です。つまり、その国の文化水準、生活水準に比して、

相対的貧困率29.9％

3人に1人の子どもが経済的貧困状態にある。

図）沖縄県の市町村データを用いた子どもの貧困率の推計

サンプル	A	B(参考)	国(参考)
自治体数	8	35	
世帯数	412,805	555,544	
世帯数	203,591	277,710	
子ども数	203,591	277,110	
平成22年国勢調査による沖縄県全体の子ども数に対する割合	約68%	約93%	
子どもの相対的貧困率	29.9%	推計不可	16.3%
18～64歳の大人が１人の世帯再分配前の子どもの貧困率	58.9% 32.4%	推計不可 33.9%	54.6%

出典：『沖縄子どもの貧困白書』第1版（2017・かもがわ出版）

適正な水準で生活を営むことが困難な状態のことです。

相対的貧困は子どもの生活に大きな影響を与えます。母親と公園に行ったことがない、週末に遊びに出かけたことや映画を見に行ったことがない、お風呂や歯磨きをする習慣ややり方を学べる環境にない、温かい食事をつくってもらったり家族で机を囲んで食事をしたりしたことがないなど、親子が通常生活で行う作業ができない状況は、子どもたちの家庭生活だけでなく学校生活、将来的には社会参加にも大きな影響を与えるのです。

その背景には、給与が低いために長時間の仕事やかけ持ちで仕事をしないといけなかったり、母親が1人で家庭を守らないといけなかったり、さまざまな事情が混在しています。

相対的貧困は子どもの孤立環境をつくりだし、子どものさまざまな生活と作業に影響を与えていきます。だからこそ、子どもの生活環境の影響と学校生活・学習の保障について、これからも学びながら進めていく必要性を感じています。

② 家庭環境と学校生活の取り組み

「子どもの貧困対策の推進に関する法律」平成25年6月26日

（基本理念）

図）子どもの貧困が及ぼす影響

生活への影響	学習への影響
▶ 社会とのつながり	▶ 学力・進学
▶ 養育環境	▶ 不登校の状況（小・中・高学校）
▶ 食生活	▶ 中途退学の状況
▶ 公共料金の支払	▶ 自己肯定感
▶ ひとり親世帯の県境	▶ 不良行為少年補導人員
▶ 通塾率	▶ 進路未決定率
▶ 物品の所有状況	▶ 若年無業者の状況

出典：『沖縄子どもの貧困白書』第1版-P56（2017・かもがわ出版）

第2条　子どもの貧困対策は子ども等に対する教育の支援、生活の支援、就労の支援、経済的援助等の施策を、子どもの将来がその生まれ育った環境によって左右されることのない社会を実現することを旨として講ずることにより、推進されなければならない。

子どもたちが生まれ育った環境に左右されず、学校生活が保障され、教育を受け、友達と遊び、自由にやりたいことを選択できる生活を、私たちゆいまわるも大切にしています。

ここでは私たちゆいまわるが、家庭環境と学校生活をどのようにコンサルテーションしていくのかについて紹介します。

子どもの家庭環境の影響と学校生活については、家庭との連携が重要です。しかし、すぐに家庭環境を変えることは難しく、なかなか問題が解決しないことも事実です。私たちは家庭環境が学校に影響をおよぼしているケースでも、「届けたい教育」が実現できるよう、チームを築いて関わっています。

●家庭環境の影響で学習が取り組めずにいた男の子

湊くん（仮名）は小学校2年生で、支援学級に通っています。担任の先生に聞いた彼をめぐる状況は、次の通りでした。

湊くんには学習の遅れがあり、ひらがながまだすべて書けません。登校時間が安定せず、遅刻も多く、学校に来ても眠そうで、疲れている様子が見られます。授業中は4、5文字練習すると「もうヤダ！」と学習をやめてしまい、その後も再開するまでに時間がかかります。

湊くんの家は、両親とも精神的に不安定で職も安定せず、経済的に苦しい状況でした。お母さんは子育てに十分な力を注げず、家事全般を湊くんがしていました。家に帰った湊くんは家事をこなすだけで精一杯で、勉強や学校のことに時間をつくることができません。そして、難しい家事を失敗して日々怒られ、精神的にも不安定でした。

この状況に学校は、家庭環境の課題が解決しないと学校生活や学習の安定が望めないとし、2年間の支援者会議は、湊くんの家庭環境をどのように安定させるのか、親の負担をどのように軽減させるのかという話し合いをしてきましたが、なかなか進まずいまに至っているとのことでした。

〈i．「届けたい教育」で目標を立案する〉

先生とお母さんに、湊くんに期待したいこと、できるようになってほしいことを聞きました。

先生は「もっと勉強に〝できた〟と感じて楽しいと思ってほしい」「できたことをちゃんと認めてあげたい」と話します。お母さんも「勉強ができるようになってほしい」「私がだめだから勉強ができないんです」と話していました。

そこで、次の3つの「届けたい教育」をチームの目標に挙げました。

目標1：勉強に〝できた〟と達成感をもつことができる。
目標2：学校でできたことを母親と共有できる。
目標3：安定して登校できる。

〈ii．目標の実現に向けた評価と情報共有〉

この具体的な目標には、家庭環境が強く影響することと、それほど影響しないことがあります。目標2

と目標3は家庭環境が影響しますが、目標1はすぐに学校で取り組める内容です。私たちはまず目標1から取り組むこととしました。

湊くんが達成感をもちながら学習を行う上で問題となるのは次の4点で、さまざまなことに困っているとわかりました。

〈遂行上の問題点〉

・椅子に座り続けると覚醒レベルが落ちる。
・手先の分離運動が不十分で鉛筆を上手にもてない。
・鉛筆で書きながらノートを押さえるなどの両手動作ができない（左手は姿勢を保つことに使うため）。
・書き心地（鉛筆からの感覚のフィードバック）が伝わらず上手に書けるか不安が強い。

〈遂行上の利点〉

一方で、次のような湊くんの強み（利点）もわかりました。

・上手に書きたいと強く願っている。
・できるとわかることには集中して取り組める。
・一度できれば習慣的に続けられる

〈iii．かなえるための取り組み〉

先生は、湊くんが書く動作に多くの不快感やストレスを感じていることを知り、まずそれを取り除きたいと話しました。

そこで、湊くんが困っている4つの不快感を軽減し、彼の力をうまく活かして書ける文房具をつくりました。もちやすく適度な重さを感じられる鉛筆、書き心地を強く感じ取れる下敷き、両手動作ができなくても困らないバインダーなど、先生は「これはほかの子にも使わせてあげたい」と話しながら作成しました。

湊くんはでき上がった文具を使って字の練習をしました。彼はひらがなの「え」を書きながら親指を立てて「グッド」のサインを送り、笑顔で言いました。

「先生、これ書きやすいよ！」

その日、いつもの6倍ものひらがなドリルを行いました。

5か月後、湊くんはひらがなをすべて覚え、授業のノートを取れるようになりました。字を書くことが好きになり、学校で友達に手紙を書くことが楽しみになっています。

ⅳ．チームで取り組む

お母さん、担任、校長、教頭、ＳＳＷｒ、児童家庭課、子育て支援課、障がい福祉課が集まりチーム会議が設けられました。それまでチーム会議は、家庭生活の改善に向けて話し合っていましたが、この日は担任の先生が、「届けたい教育」をかなえるためにつくった文房具と、それを使って字を楽しんで学べたこと、いまではノートまで書けるよ

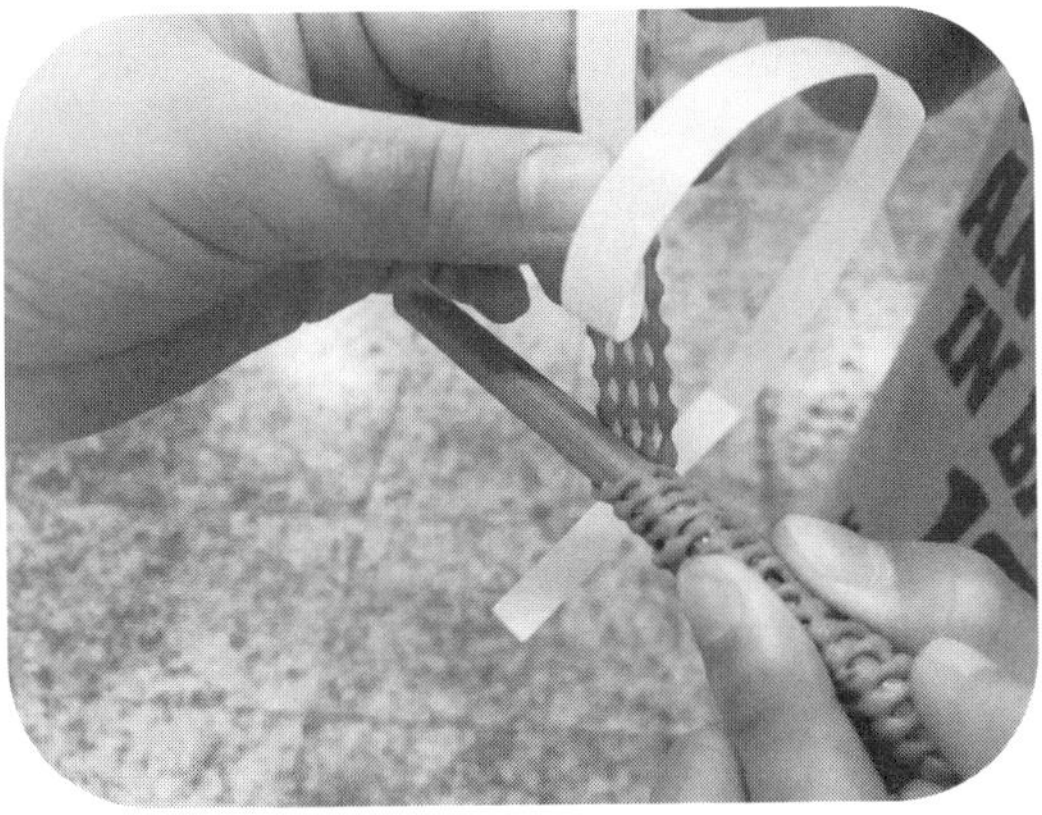

鉛筆の工夫。鉛筆に手を合わせることが難しいため、
湊さんの手に鉛筆が合うように滑り止めのクッションを
鉛筆に巻いています。

うになったことを報告しました。

お母さんは涙を浮かべながら「勉強ができるようになってうれしい」と話します。先生がお母さんに「もっといろいろできるようになるはず。お母さんはその成長をいっしょに喜んでください。お母さんにしかできないことですから」と話していました。

その後も家庭環境の課題は残るものの、湊くんは学校に遅刻せず、勉強に取り組んでいます。

③家庭環境と学習環境の改善を並行して

湊くんの場合は、家庭環境の影響を大きく受けない目標からチームで取り組みましたが、重要なことは、取り組みの目的（目標）が「届けたい教育」であることだと思っています。教育である限り、すぐに取り組めることから始めた学校生活の影響が、そのほかの作業や環境（友達やクラスでの役割など）に影響を与えていくからです。

湊くんは字を書く勉強に達成感を感じられるようになりました。その先生の「届けたい教育」の実現は、「ノートを書きたい」と思えることで授業に参加し続けることに影響を与え、学校で友達に手紙を書くことで友達との交流も生まれました。

湊くんが学校に行きたいと思えるようになったのは、勉強に達成感を感じたことだけでなく、授業に参加するという期待されている作業ができるようになったこと、友達と休み時間に遊べるようになったことなど、学校生活の変化によるものと思われます。

家庭環境は学校生活に大きな影響を与えるため、家庭環境に大きな課題を抱えている場合、その生活の安定が優先されることもあるかと思います。しかしそれだけでは、家庭環境の改善がうまく進まないとその生活のなかで学習も保障されない状況が続くことになります。
子どもたちの将来のために大切な学校生活だからこそ、家庭環境の改善と並行して、学習環境の改善にもすぐに取り組むことが重要だと思っています。

6 「卒業」がもたらすエンパワメント

①ゆいまわるの「卒業」とは

ゆいまわるのコンセプトは、子どもたちが学校や家庭などの生活の場で、その子がしたいこと、期待されていることを、その子の力を最大限活かし、できることを通して生活に参加していけることです。そしてその生活の実現を、本人、保護者、先生、友達などその環境でともに生活する人たちの力で築いていけることです。

ここまでに紹介したプロセスは、すべてそのために必要なことです。そして、その子が実際にこうした生活に参加できるようになったときに、ゆいまわるの「卒業」となります。

ゆいまわるの「卒業」は、先生と保護者が、自分たちの教育と家庭保育のなかで育てていけるし、成長を感じられると思ったときに、保護者と先生によって決定されます。子どもはいつまでも成長し、親はいつも子育てに「これでいいのかな」という疑問をもちながら向き合っています。ですから「完全に成長した＝卒業」ではありません。「この生活（環境）で育てていける（成長が期待できる）＝卒業」なのです。

②ゆいまわる卒業と生活の変化

2016（平成28）年1月のスタートからこれまでに102名の子どもに関わることができました。そのうち57名がすでに支援を「卒業」しています（2018年7月末現在）。

もちろん、さまざまな理由で卒業に至らず中断したケースもあります。また、「卒業」後の状況を確認しているわけではないので、「卒業」の基準も含めてこれから研究していくべき課題だと思っています。

それでも先生への状況確認によると、卒業後も学校に参加していけた子どもが57名、「卒業」までの平均期間は9か月でした。

ゆいまわるの卒業後、子どもたちが自ら学校に登校できるようになったり、授業に参加できるようになったりする生活の変化はもちろんのこと、先生や保護者の変化も大きいように感じます。それは、「障がいとどう向き合っていけばいいのか」という視点から、「この子の生活で、どう成長させていけばいいのか」というように視点が変わることが、大きな影響だと思います。

ゆいまわるに相談に来た保護者の多くは当初、わが子の生活に不安を感じ、将来にもなかなか期待できない様子です。子どもへの自身の関わりについても「これでいいのでしょうか」「こういうときは、どうしたらいいのでしょうか」と、解決方法を求める人が大半です。

しかし、「卒業」したお母さんは次のように、生活の変化や子どもの成長、自分なりの子どもとの向き合い方を笑顔で話すようになっています。

「最近、子どもが友達の話をするんですよ」

「まだ字は下手なんだけど、自分で宿題する時間を決めるようになったんですよ」

「勉強したいって言わないけど、最近は大型スーパーでランチしながら、いっしょに勉強にやっています」

多くの先生も、訪問開始時は「これでいいのでしょうか」「専門家に指導してもらいたい」と現状の取り組みに不安を示し、問題と感じる行動の原因を求める傾向が見られます。しかし訪問開始2～3か月後には次のように変化しています。

「授業で発表したそうなときに当てるようにしたら、集中できるようになっている」

「この子も変わったけど、クラスの子どもたちがやさしくて、フォローする姿勢が見られている」

「お母さんががんばって、宿題を見守ってくれているんですよ」

こうして先生たちは、自ら取り組んだことやクラス全体の環境の利点、親といっしょに取り組んだことなど、「届けたい教育」の実現に向けてさまざまな視点から現状を評価しています。

また先生たちは、「これでいいのか」から「これがいいと思う」に変わっていきます。失敗＝問題と感じていたことも、失敗は目的をもった取り組みの結果、いい方向に傾かなかったという1つの情報として、プラスに捉える傾向にあります。

さらに、先生自身がその子を含めたクラスの子どもたちの多様性に対応し、その対応が教育にどう影響しているかという視点をもち始めます。多様性への対応が、教育を深めていくことを感じて取り組む先生がほとんどです。

「届けたい教育」に焦点を当てた取り組みは、その教育に関わる本人、親、先生、友達など、さまざまな人のエンパワメントにつながります。だからこそ、「卒業」していけるのだろうと思います。

このような取り組みは学校や市町村との相性もよく、2018年7月現在10市町村、54校（保育園、小学校、特別支援学校）を巡回しています。「卒業」があるため多くの子どもたちに関わることができます。巡回する作業療法士が足りないのが次の課題だと感じています。

「ゆいまわるの学ぶ日々
——つながりは厚生労働省へも」

学校をプラットホームとした子どもの貧困問題への取り組みは、ゆいまわるとしてもまだまだ学びながらの日々です。それでも、学校や行政、福祉など多くの人の助けを借りて進めています。ゆいまわるはこうした活動を通してさまざまな人たちとつながり、そのつながりがさらに地域を学ぶ機会になっています。

沖縄県子ども生活福祉部子ども未来政策課の喜舎場健太課長から沖縄県が直面している状況や取り組み、今後の期待について学べたことは、子どもの家庭環境への取り組みにつながっています。

また喜舎場課長のご紹介で、対談をさせていただいた法政大学教授湯浅誠先生の橋渡しで2018年7月24日、南風原町の前城充課長をはじめ同町職員、琉球大学の宮里大八先生とともに厚生労働省に高木美智代副大臣を訪ね、南原町で進めているプロジェクトを説明できる機会にも恵まれました。そこで高木副大臣から、「沖縄でこのような取り組みが行われていることに感動した。まさしく厚生労働省と文部科学省が連携して進めている、家庭と教育と福祉の連携『トライアングル※』プロジェクトのモデルとなるような取り組み」との評価を得ることができました。

厚生労働省高木副大臣室にて

※トライアングルプロジェクト：https://www.mhlw.go.jp/file/06-Seisakujouhou-12200000-Shakaiengokyokushougaihokenfukushibu/0000208377.pdf

Part. 6

地域に伝える力

Thema 1

〈座談会〉地域に打って出る作業療法士

仲間　知穂

こども発達支援相談センター
ゆいまわる　代表

西上　忠臣

NPO 法人ちゃんくす　代表

宮崎　宏興

NPO 法人いねいぶる　代表

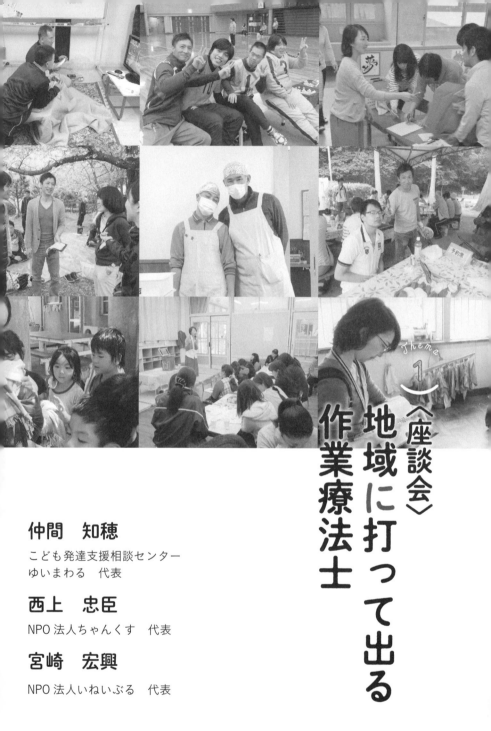

それぞれ作業療法を生かして地域での活動を展開している二人の作業療法士、「NPO法人ちゃんくす」代表の西上忠臣さん（広島県三原市）と、「NPO法人いねいぶる」理事長の宮崎宏興さん（兵庫県たつの市）に、日頃気になっている質問をぶつけてみました。

1 お金が絡むと難しい？

仲間　私がしているのは学校訪問です。学校は勉強するところ、知識を得るところである以上に、ともに生きるとは何かについて、小さな社会から学んでいけるところだと考えています。

ですから私はこの仕事を、将来的な共存社会、社会でいっしょに生きていくための、子どもたちのベースづくりだと思っています。要するに、ともに生きていく子どもたちを作業療法している感じです。将来、多様性あふれる人たちが横で働いていることに何の違和感も感じない、そういう子どもたちを育てていきたいと思っています。

また、初めから多くのニーズに応えようしたわけでもなく、ニーズがあるかどうかもわかりませんでした。目の前に困っている人がいてそこに関わっていったら、たくさんのニーズのシャワーのなかで対応を迫られて取り組んできたという状態です。

これまでの取り組みで感じたのは、地域のニーズにどうやったら貢献できるのかと柔軟に応えていくと、役場をはじめ地域の人たちにすごく教えられたということです。ですから、地域のニーズを知りたいと思って一歩踏み出すのが重要だと思っています。

その一方で、ニーズを聞いてそれを形にしようとしたときに、やはり地域に、そんなにすんなりと受け入れられるわけではありません。たとえば、ボランティアの間はウエルカムだけれども、費用が発生すると反発されるなど、より難しいと思っています。

この点で、地域に根づかせる取り組みや大切にしていることがありますか?

西上　私の場合、お金が絡んだから困ったことになるということはあまりありません。ただ「ちゃんくすは三原市の出先機関じゃろ」と勘違いしている人はたくさんいます。私のことも、市に雇われていると……。「いやいや、そんなことはありません」と説明しますが、「引きこもりの方への居場所作り事業」や「思春期の発達障害者に対する社会参加型体験事業」など三原市の委託事業もいくつも受託しているせいか、そこのニュアンスはなかなか伝わりません。

また、市は決まった予算で「これでやってくれ」となりますが、観光協会の「須波海岸公園海開き事業〜潮祭〜」や中小企業家同友会の「三原特別支援学校企業懇談会」など民間の事業にもそれぞれ事業費を受けて取り組んでいて、こうしたところでは見積もりなどで逆に「この値段じゃあ、あんたやれんじゃろ」などと言われることがよくあります。

仲間　宮崎さんのところはどんな感じですか?

宮崎　うちの場合、たとえば「NPO法人いねいぶる」の事業は障害福祉サービスなどで実施します。また「T−SIP（Tatsuno-social inclusion project）」という別組織もつくって活動していますが、これはそれぞれ生業《なりわい》がある人たちの集団ですから、そこで何か収益を捻出しようという発想はそもそもありません。

たとえば、夏休みに「ゼロ円イベント」を行ったりしますが、そこにお金を使うことはありません。「コドモキッチン」の活動なども、市内でネットワーク化していますが、基本的に完全なボランタリー活動です。

私たちは、どっちかと言うと市民活動に関する補助金は、できるだけもらいたくないのです。もらうとたとえば、その予算を取るためにこの活動をしようとか、予算を使い切るためにこういうやり方をしようなど、目的と手段が逆になってしまうリスクを負うからです。

しかし役所は補助金を「受け取ってくれ」です。行政としては、受け取ってもらわないと共同事業にできません。たとえば児童指導員を1人派遣するにも、共同事業でないとできないのです。

仲間　すると、補助金などはなくても経営的には大丈夫なのですか?

宮崎　いわゆる収益として経営しているのは、NPO法人が母体となる障害福祉サービス事業です。そのなかで賄っています。

西上忠臣（にしがみ・ただおみ）

NPO法人ちゃんくす代表。作業療法士。九州リハビリテーション大学校卒。民間病院、広島県立保健福祉短期大学（現:県立広島大学）助手を経て2010年、引きこもりや発達障害など社会参加が難しい子どもたちの居場所のためにNPO法人ちゃんくすを設立。さまざまな立場の人の地域参加を通して地域の空き家再生などにも取り組む。

NPO法人ちゃんくす：障がいの有無、性別、年齢などのすべての背景をこえて、すべての人が「やってみたい」ができるようになることで、それぞれの作業と作業をつなげてコミュニティーを作りながら社会参加に向けてそれぞれの社会参加のために活動している（同法人ホームページより）。広島県三原市。ホームページhttp://www.geocities.jp/npochunksmihara/

2 地域が熟していなければ

宮崎　私の整理では、2つの活動組織はまったく別物です。「いねいぶる」はあくまでも利用者支援ですが、利用者支援をするためには、その地域が熟している必要があると思っています。そのなかで支援をするから意味があるのです。地域が熟していなければ、支援をするにも基本的に動かないだろうと考えています。だからその地域を熟成させるための手法としてT－SIPをつくったのです。

仲間　そういう発想はどこから生まれてくるのですか?

宮崎　私は精神科病院に8年勤めていました。そのときに痛感したことがありました。

たとえばOT（作業療法士）やリハ職をはじめ医療職内では、社会生活技能が身につけば退院が見えるとか、治療がうまくいけば在宅に帰れるとか、ADL（日常生活動作）を向上させて在宅に帰すなど、いろいろなことを言っています。でも現実場面では、家族がOKすれば退院、拒否すれば入院継続という、患者自身の能力や適性とは関係のない、乗り越えられない、環境上の問題であったわけです。

ということは、退院に際してその人に合った適正を判断していると言うより、受け皿となっている人たちの技巧にもとづいてすべてを決めているわけです。なぜそうなのかと考えると、医療や介護、福祉の側も、最後の責任のもって行きどころを家族にしているからです。家族の責任のもとで退院し、家族の責任のもとで在宅ケアをしているのです。

だから、家族に負担をかけながらリハビリしているのが私たちなのだということを、8年働いてすごく痛感したのです。

このやり方を変えるためには、家族がもっと楽になれないといけない。家族に不安があるから退院できないなら、その不安が和らげばいい。そのことと本人が自立していくことをミックスさせるためには、家族が知らない本人の新しい姿、できることを見せる。それで家族が「これなら1人でやっていける」「家族といっしょに暮らせる」となるためには、病院でもない、家族だけでもない、介護施設でもない、まったく中立な、でも全部の組織に干渉できるだけの影響力の強い組織をつくらないと、結局言いなりになってしまう、と思ったのです。そういうことを考えて、いまの組織をつくろうとしたのがきっかけです。

私たちのところにも家族会がありますが、ありがちなのは、家族会が母体の施設と、施設を支える家族会です。私たちの場合、それは完全平等で、互いに肝を握り合っているような関係です。

たとえばNPO法人は、正会員と理事がほぼ家族です。だから、施設の職員が何かしたいと言っても、議決権は家族会ですから、自分たちの勝手にはできません。逆に家族は、1人も職員に雇っていません。

宮崎宏興（みやざき・ひろおき）

NPO法人いねいぶる理事長。作業療法士。1997年精神科病院入職。作業療法課にて同課開設の他、訪問看護ステーション、介護老人保健施設、社会適応訓練事業所、福祉ホームでの支援業務に8年間従事。専門は雇用就労支援と地域生活支援。2004年より現職。多世代・多文化交流を通じた町づくり組織T－SIP（Tatsuno-Social inclusion project：たつの市が〝だれでも誰かを包み込む社会〟になるプロジェクト）代表としても活動中。著書に『生活を支援する精神障害作業療法 第2版』（共著、医歯薬出版、2014年）ほか執筆論文など多数。

NPO法人いねいぶる：障害者総合支援法にもとづく地域活動・相談支援センター、相談支援、就労移行支援、就労継続支援、共同生活援助を、地域に点在した事業所で運営。労働・障害・福祉関連の事業やピアサポーター活動、当事者や家族の自助活動等も実施している。兵庫県たつの市。ホームページ http://enable.haru.gs/

現場に家族が職員として入ることで難しくなる組織もよくあります。こうして、当事者支援の事業所はより専門的な人たちの集団としつつ、その人たちが暴走できない仕組みにしてあります。

これは、私のなかでは作業療法の一部です。実行しようとしているものと、それを構成している人や場所、システムなどをうまく調和させ、一番理想的な状況に近いものをどうつくるか、ということです。そして、スタートしてすぐ、やはり地域自体が熟成していないとダメなのだと気づいたので、もう1つ別組織をつくったわけです。

私が怖かったのは、地域の人たちが最初に向けていた福祉への関心でした。それは、新たな労働の安い担い手、というようなものでした。安い労働者として、あの人たちを利用されるのは勘弁だ、と思ったのです。

だから「いねいぶる」では地域に関しての干渉は一切しない代わりに、T－SIPという別の組織で地域を最大限に熟成させる。そうしながら、「いねいぶる」で個々の利用者が働きたいように、暮らしたいように暮らせるコミュニティをつくる、という仕組みです。

3 たくさんのニーズが集まって来て

仲間　西上さんは、大学の教員を辞めて自主事業からいまのNPO法人の活動に至ったと聞いていますが……。

西上　発達障害そのものが、特に大人の発達障害はまだそんなに有名ではなかった頃でした。どちらかと言うと非行に関する依頼のほうが多かったのですが、話を聞くと、この子はもともとADHDだったなとか、あるいは多動の部類に入っている、などと気づくわけです。

よくあるのは、怒られてばかりで育ってきて、大人になってカツアゲしたりバーンと誰かを殴ったり、窓ガラスを割ったら「おお、よーやったな。じゃあ金やるわ。飲み行こうや」と……。そういう子がけっこう多かったのですが、相談できる場は全然ありませんでした。

けれども、そういう子に月1回会う程度では変わりません。単にやかましく言う人だと……。そうではなくて、継続的な支援が絶対に必要でした。私が関わった人も何人かいたので、最初は、それをどうにかしなければ、という思いが一番大きかったですね。

始めると、お母さんの伝《つて》で広まっていきました。「うちの子も」「あっちはもっと困っとるらしい」とか……。それで、お金を受け取るのは最初どうかと思ったのですが、中高生にかける塾の月謝程度を払ってもらおうという形でした。

仲間　利用者はそのお金について、抵抗はなかったのですか？

西上　いやいや、だって話をして「映画より高いんかい？」みたいな（笑い）。やはり困窮者が多かったので、生活保護のなかからもって来た日にはさすがにきついと思いました。それでも「困っているから」と来ていました。それはいまでも同じ

作ったら食すべし！（ちゃんくすの利用者）

ですが……。

取り組んで何かしらの答えが出てくると、これもできるのではないか、あれもできるのではないかと、非常にたくさんのニーズが集まってきました。逆に言えば、その人たちはそれまで、ニーズをどこに投げていいかわからなかったのかもしれません。そういうなかで「ちゃんくすに行って、就労をめざしてがんばっとるんか。じゃあ、あそこの誰かに言ってみようか」と相談に来る人も増え、解決事例も多くなっていきました。

また、だいたい中学校時代に、先生も「この子はちょっと……」などとわかるそうです。けれども3年しかないし、受験という大きな目標があるので、学校に来なければ放っておかれたり、非行が多ければ逆に「来たら他の子が巻き込まれるから、来ないでくれ」というメッセージを出してしているところもあったりします。

それなら学校以外に行き場所をつくったほうがいいと、そんな感じで居場所づくりを始めました。資金的にも「いるんだったら」と、お母さんたちの協力が得られました。さらに、そういうことをしているのならと行政も注目して、市の委託事業にもつながっていきました。

4 起業時の不安をどう乗り越えた

仲間　起業するとき、私は怖くて1人で始めました。給料を払えるだけの会社になるのかどうかも見通しがありませんでした。そのあたりをどう乗り切っていったのですか？

西上　乗り切ったかなあ……。うちの場合、市の委託事業などは1年単位ですから……。ただ、2016

年に就労支援事業所が加わったことは、結果としてよかったと思っています。

その1つはスワンベーカリー三原店です。スワンベーカリー自体はヤマト福祉財団が行っている障害者の雇用と自立支援のための事業で、そのフランチャイズチェーン店が三原市にもありました。「ちゃんくす」に通う発達障害のある人のなかでパンやスイーツづくりに興味のある人が、がんばって働いていました。ところがそこの事業主が倒れて、ベーカリーを閉めるという話になりました。そうなると働く場が減ることになりますから、私たちがそこを引き継いだのです。現在は就労継続B型事業所として運営しています。さらに、ちょうどやりたかった弁当の事業「本町ごはん　はらのすけ」も、就労移行支援事業としてそこに加えて運営しています。

こういう形でなんとか事業になってきていますが、先に経営計画をつくっていたら、たぶんできていないと思います。それでも、私もそうですし、OTはいま4人ですが、やはり医療ではできないことで、そこにストレスも感じていましたから、そこのモチベーションはみな同じだと思っています。

宮崎　私の場合は、もともといまの状況を想定していませんでした。私は病院で管理職としてOTやワーカーなど二十数人の部下もかかえていました。そして最初は、家族会の人たちに作業所を立ち上げてもらい、病院ではデイケアをつくらずに、その作業所で地域に日中活動が動きながら、さらに訪問看護ステーションも立ち上げ、入院のOTと外来のOTのそれぞれが連携する仕組みのなかで、どんどん退院を進めていこうという青写真でした。

でも、家族会で運営していくことの難しさを本当に痛感しました。ハッキリ言えば、これによって私が家族会をダメにしてしまったと思っています。結局、家族会が家族の悩みを話し合う会ではなく、作業所の運営ばかりを話す場になってしまったのです。当然ですが、作業所の運営に携わっていない人たちはどんどん来なくなって、すごく小さな家族会になってしまいました。

そして会長の代替わりをするにも後任がいないという段階になって、いわば後始末のような形で私が引き継いだのです。私とその会長と、地域婦人会の女性の3人で再出発しました。私も当初は病院勤めとのかけ持ちでしたが、2年ほどして体制も整ったところで病院を退職し、こちらに専念しました。

いまは全体で20人くらいのスタッフで、そのうちOTが8人です。

5 作業療法の強みを発揮できる場所はすごく多い

仲間 今後はこうしたい、こうありたいという夢を聞かせてください。
宮崎 OTやPT（理学療法士）の人には、地域に出て行くというと、すなわち起業のように考えているところがあると思うのですが、それはものすごく難しい考え方だと思います。少し発想を変えたほうがいいと思うのです。
つまり、福祉事業所をはじめ地域の施設はたくさんあるのですから、そのなかになぜ入らないのかと思うのです、単純に。そこから自分の思いを組み立てていけば、そんなに難しい話ではないのではないかと……。
仲間 病院で勤めているよりは給与などの条件は下がりますよね。だから病院から出られないと……。
西上 でも起業しても下がるでしょ（笑い）。それは同じですよ。
宮崎 どの業態も同じで、ヘッドハンティングされない以外、転職とはそういうことです。給与が上がって転職する人は優秀な人。

仲間　何のために働くかということですね。お金をもらうためだったら病院にいてもいいかと思うけれども、作業療法として地域に行ってやりがい、自分の人生の毎日をどう活用するかと考えたときに……。

西上　やはりそこじゃないですかね。お金以外のものがたくさんあるのと、それでも生きていけるし、そのほうが楽しいというのは、うちの場合は大きかったと思います。

宮崎　私は会社員になって、作業療法士として働きたいと思うのです。別に作業療法士の資格があるから作業療法士という名称で働かなければいけないということはないし、見わたせば、働く場所はたくさんあるのですから。

仲間　その発想……、私も同感です。

宮崎　普通に企業人として働いて、そのなかに自分が作業療法という強みをもっていて、それを使って会社に貢献すればそれでいいのに、と思います。

6 OTは使い勝手がいいはず

西上　会社はたぶん、けっこう作業療法士を求めています。つくるものはオートメーションでだいたいできてくるけれども、やはりどこかに人手が必要です。

たとえば最近就職したある子は、「そんな技術をもっていたのか」と驚くほどきれいな仕事をします。でも、休憩時間に何か声をかけないとうまくできないのです。そのことさえ伝えておけばOKですから、そういう人がいる会社ほど作業療法士のような人を雇いたいし、そうすれば障がいのある人も雇いやすいと思います。

「あの子どうしとるかないう子もおるけえ、そういう人をなんとか雇用してやりたいんです」というところはけっこう多い。制度が変わって民間企業の障害者雇用率が2018年4月から2・2%に、さらに3年以内に2・3%になります。だからということでもありませんが、確かに多いのは多いのです。

ですから、いろいろな人を紹介しています。まったく未経験の人も紹介していますが、できたらそこに作業療法士などが入っていければと思います。

仲間　会社にコンサルしていくような形ですね。

西上　現場を変えるだけではうまくいきません。障がいのある人がいることで会社そのものの考え方が変わることはよくありますし、それをいっしょに分かち合える人材を育成していきたいですね。

宮崎　いろいろなところにOTが働く世の中になったらいいなと思います。やはり多様化していく世の中ですから、多様性のある社会に対応していくためには、企業も社会もいろいろな人に対応できる人材をおくべきです。

たとえばスーパーなら、買い物しにくい人にうまくコンシェルジュできるようなスタッフを配置するほうが、質的にもより高くなるし、それを売りにしてもらいたい。JRにそういう職員がいてもいいと思うし、もちろん学校も……。

RAN伴（らんとも）＝認知症啓発のタスキをつなぐ全国キャンペーン
（いねいぶるの「ごはん亭だいだい」の前）

可能性で言えば、もっと視野を広げれば、自分らを必要としていることはたくさん見えてくると思います。そうすればOTは求められる人材だし、使えると思います。

仲間　私も、OTは使い勝手がいいはずだと思います。

宮崎　うちにOTが8人もいるのは、やはり使い勝手がいいからです。OTは、定着させるのが上手です。とにかくその場に居とどまらせる工夫をするのは、学生でもできます。次の展開を見るためには、先の予測ができる力やイメージするための知識が必要だからキャリアがいりますが、いまこの場にいる人が気持ちよくその場にいて、作業をどうしようとか、喜んで帰れて明日も来られるように、どうやってその場を組み立てるのかは、OTが養成校で習ってくる基礎的な能力だけでも十分にできますから。

ということは、企業などいろいろなところにOTがいれば、それを引き込んで定着させられる力が発揮されるということです。

仲間　明日も出勤しやすい……。

宮崎　そう……。やはりOTは自分たちの力の根源をよく理解して、エキスパートなOTだけができるものではなくて、誰でもできるOTの専門性を探ったほうが、未来は明るいかと思います。

仲間　そうですね。いや、明るい話でした（笑い）。ありがとうございました。

「作業療法士が病院だけではもったいない。出てきて地域へ 学校へ」

糸山智栄（岡山県学童保育連絡協議会会長）

岡山県学童保育連絡協議会は2016年6月、作業療法士と連携して、学童保育に通う「発達障害」の子どもたちの支援、および保育にあたる指導員を支援する活動を開始した。

同年11月、沖縄県南風原町の講座で「学童保育と作業療法士」について紹介する機会を得た。岡山での連携に大きな手応えを感じていたものの、「作業療法士」という仕事は説明しにくい。そのとき、参加していた仲間知穂さんに、無茶ぶりながら「作業療法士の仕事」の紹介をお願いした。それが仲間さんとの初めての出会いだった。

支援した子どもの写真を交えての仲間さんのほんの10分の話に、参加者はみんな涙ぐんだ。なんてやさしいまなざしだろう。みんな、作業療法士とともにチームを組んで子どもに関わってみたいと思ったに違いない。

私は長年、学童保育に保護者として関わり、指導員の悩みをずっと聞いていた。発達障害や配慮の必要な子どもが増えるなか、研修は受けても実際の現場でなかなかうまく対応できないというものだった。

そんなとき、首都大学東京の小林隆司先生、専門学校川崎リハビリテーション学院の森川芳彦先生という2人の作業療法士に出会った。

「アメリカの学校には作業療法士がいる」

「保育園を巡回して効果があるので、学童保育にも巡回してはどうか」

2人の作業療法士から「子どもの発達障害の専門も作業療法士」と知った。ならば、学童保育にも来てもらったらいいのでは！

市民活動をいろいろとやっているので補助金、助成金の申請には比較的慣れている。岡山県備中県民局での協働事業が採択され、手探りでコンサルテーションと研修を実施したのが、連携事業の始まりだった。

　この事業をスタートしてすぐに東京の学童保育の会議で紹介し、関心をもった沖縄の学童保育指導員が地元の南風原町役場に伝えて、沖縄での講座が実現した。すると小林先生から「沖縄に行くなら、地域や学校で活動している仲間さんという作業療法士がいる」と情報。こうして仲間さんとつながったのだ。

執筆者＝左端

　作業療法士との連携で指導員はモチベーションをあげていき、チーム力も上がった。その雰囲気を見るにつけ、なんとしても連携を継続していきたいと思った。そのためには「制度化だ！」。それに向けていま、全国各地でモデル事業を実施しようと、さまざまな取り組みを展開している。

　仲間さんもあちこちに講師として駆けつけ、連携事業の全国展開に大きな力を発揮してくださっている。２０１８年11月現在、予定も含めて学童保育と作業療法士がつながったのは37都道府県にのぼり、いくつかの市では巡回訪問や委託事業として施策化も実現した。

　こうなると、保護者が願うのは「学校でもぜひ」である。その学校で、仲間さんはすでに大きな実績をつくっている。ほかにも子育て団体、自立援助ホーム、子ども食堂など、作業療法士が活躍する場面はいくらでもイメージできる。となると作業療法士が足りない。多くの作業療法士に、子どものジャンルを覗いてみてほしいと思う。

　そして、地域のもっといろいろな場面に作業療法の視点を入れてほしい。ぐんとよくなる。間違いない。地域が変わる。社会が変わる。病院だけではもったいない。子どもも大人も、地域で生活しているのだから。

「子どもたちの作業に会いに行こう」

山口清明《さやか》（NPO法人はびりす代表理事・作業療法士）

「どうして病院の先生がここにいるの？」

巡回先で声をかけられて振り向くと、外来のリハビリで関わっている子だった。

「学校では、どうかなって思ってさ」

心の中ではいつもこう叫んでいる。

（だって、君の暮らしはここにあるだろう。リハビリ室のなかだけじゃ本当の姿が見えてこないんだよ！　君の机、友達が君に向ける眼差し、担任の先生の息づかいに囲まれたなかで、君といっしょに呼吸してみたいんだ）

あなたがいま、この本を手に取った理由は何だろう？　もしかしたら、あなたの作業療法に手詰まりを感じていて、もっと何かできるのではないかと思っているのではないだろうか？

私は地方の公立病院で作業療法室を開設し、数え切れないほどの研修に足を運び、一心不乱に技術を磨いた。お母さんたちは「姿勢がよくなったから、手先を器用にしてほしい」と言い、解決すると今度は「衝動性を何とかしてほしい」と訴えた。やがて「先生の治療は誰よりも上手い」と言われ、作業療法を終了すると、「山口先生に切られた」と言われたりして、なんだか仕事に虚しさを感じるようになった。

そんな頃、私の人生を大きく転換させる出来事があった。当時神奈川県立保健福祉大学の教授であった長谷龍太郎先生との出会いだった。

「山口くん、作業療法の成果とは何だい？」

私は答えられなかった。

「君の実践は何をもって、よかったとか悪かったと判断されるのだろう」

「作業療法の成果は『参加』だよ。たとえば、重い脳性麻痺を抱えながらいきいきとこの社会を生きていく、そんなことが作業療法の成果さ」

私は、リハビリ室から外へ出かけて行くことにした。時間の許す限り、私は外来に通う子どもたちの作業遂行に直接会いに行った。

「空手教室でお友達と喧嘩をしてしまう」という子の、空手教室の体育館へ。

「保育園で切り替えが難しい」という子のクラス活動の場へ。

子どもたちは、社会のなかでもてる力を最大限に使い、その子なりにその環境へ適応しようと一生懸命だった。

子どもたちの生き様に心を揺さぶられ、現場で関わる人たちとその感動を共有するようになると、その話をもっと分かち合いたいと、講演や巡回を請われるようになった。多くの人とつながり、外来だけでなく訪問や子育て相談、予防事業など地域との協働事業が広がっていった。

そして2年前に病院を飛び出し、背中を押されるようにＮＰＯ法人はびりすを立ち上げた。とびっきり明るい施設を開設した。地域を基盤とした作業療法の展開は勢いが増すばかりだ。

私はいま、作業療法の成果とは何か、きっと答えることができる。

もしあなたがもっと何かができるのではないかと思っているのなら、私や仲間さんがそうであったように病院や施設から一歩足を踏み出し、子どもたちの作業に会いに行ってみてはどうだろう。公園も、教室も、リハビリ室も、すべて子どもたちの生きている場所であるのと同じように、外来作業療法も作業療法コンサルテーションも違いがないことに気づくだろう。子どもたちの輝きに巻き込まれて、あなたも地域にどんどん巻き込まれていくはず。世界があなたの作業療法を待っている。

「可視化される試行錯誤のプロセス」

高畑脩平（藍野大学医療保健学部作業療法学科　助教・作業療法士）

「地域で作業療法を展開したい」という思いをもつのは、活動・参加に焦点を当てる作業療法士（OT）にとって必然であろう。

私もOTになって間もない頃は病院内での個別作業療法を行っていたが、担当の子どもの「不登校」や「自殺未遂」など悲しい現実に直面するたびに、「この子の小学校（幼稚園・保育園）へ行きたい」と思うことが多々あった。

しかし、その思いとは裏腹に、地域へ出て行くためにはいくつかの壁が存在する。それは、「収益の壁」と「知識・技術の壁」である。

1．収益の壁

医療機関に所属し、「地域へ出たい」と熱望するOTにとって、最も大きな壁は収益の壁と感じる。医療機関に所属して作業療法を行えば保険点数により病院に大きな収益が入る。しかし施設の訪問を実施しても、それと同額の収益を得ることは極めて困難である。そのため、現場のOTが望んでも経営者の理解が得られずに、病院内の作業療法に留まることが多いのではないかと考える。

2．知識・技術の壁

個別の作業療法の知識や技術が必要なことに加えて、訪問先の環境（物理的環境や人的環境）が多様であり、その場で重要となる作業も複雑化する。これらを包括的に捉える視野の広さが求められる。さらに、施設を訪問することはある種の営業であり、良好な関係性を築くためのコミュニケーションスキルが求められる。

私は奈良県で、地域での作業療法を楽しんでいる。地域に出るための収益の壁は、県の委託事業のコンペで採択されたことによりクリアできた。

行政の委託を受けるためには、OTが地域支援を

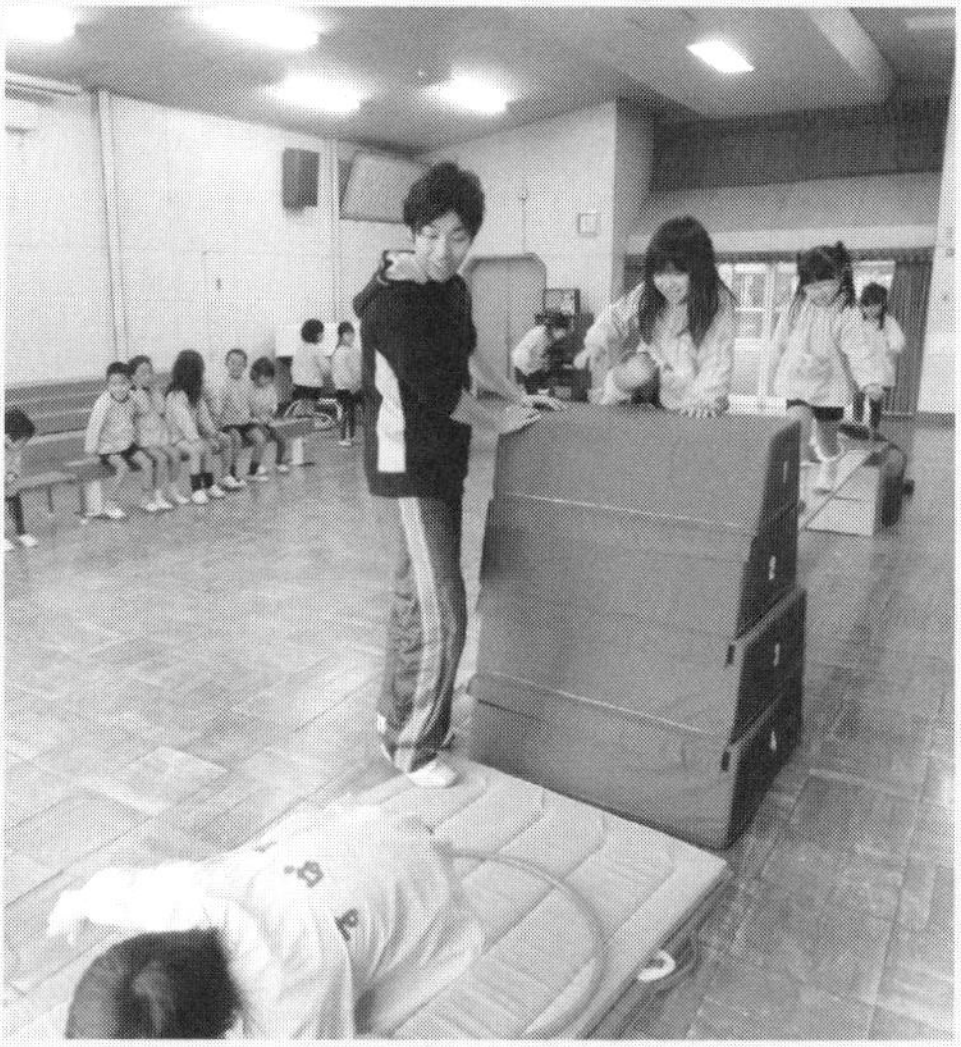

行うメリットをデータで示すことが重要である。実際、奈良県でも他府県のモデルを引用しながら「奈良県版3階層モデル」を提案し採用された（「臨床作業療法」青海社、2016年11・12月号参照）。
一度地域に出てしまえば、訪問先での試行錯誤のプロセスのなかで知識・技術は高まるものと考える。

ゆいまわるの場合、収益の壁は、保育所等訪問支援事業の枠組みを利用することでクリアしている。この事業を利用すれば、ＯＴが地域の現場に出ることが現実的になる。

この事業は、収益の壁をクリアするには都合がよいが、一方で知識・技術の壁がさらに高くなるモデルである。それは、保護者からの依頼で施設を訪問するため、施設にとっては望まぬ訪問になることが多いからだ。そのため、施設や行政との信頼関係を構築することが、よりいっそう重要となってくる。

私は、仲間ＯＴの小学校訪問や産学官連携の会議に同席させてもらった。そのとき、ＯＴの強みを理解し活かそうとしてくださる他職種の仲間が多いことに驚いた。この信頼獲得までには数々の壁を乗り越えるプロセスがあったと思われる。

この試行錯誤のプロセスを可視化し、「地域へ出たい」と願っている全国のＯＴが利用できるような先駆的モデルを構築してくださることを、大いに期待している。

Thema 2

作業療法を地域に伝えていくために役立つこと

1 作業療法を知る

作業療法を知るために、人の健康についてICFから考えてみたいと思います。

例えば、右足を骨折して車を運転できなくなったとします。その人がタクシーの運転手であれば、その仕事に制限が出るかもしれません。その状態を理由に解雇されるかもしれません。

このように人は、機能に障がいがあるとできないこと［活動制限］が出現します。そしてそのことにより、その環境にいけない、十分に役割を果たせない、やりがいを感じられない、その場にいることに疲れてしまう、など参加自体がうまくできないことが出てきます［参加制約］。

こう聞くと、その人の機能が、活動にも、どんな生活に参加す

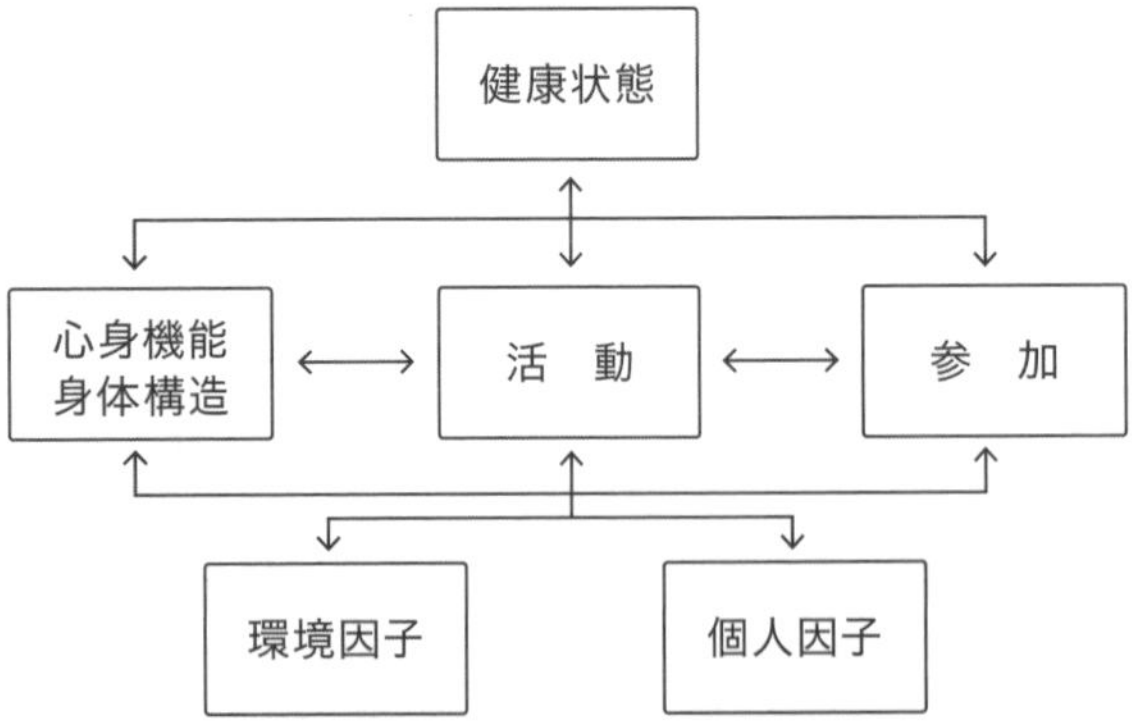

図）国際生活機能分類：ICF（2001）

るのかにも影響を与えるように感じます。しかし人は、［機能］→［活動］→［参加］の一方通行で生活をつくっているのではありません。どんなコミュニティーに参加するのかによっても、その人の機能に影響を与えます。

①参加から影響を受ける機能

たとえば、クラスのリーダーに選ばれたとします［参加］。友達をまとめたり事前に準備したりするなど、日頃はしないことに携わる機会があるでしょう［活動の広がり］。そうすることで人と関わる対人交流の力がついたり、計画を練る力がついたりします［機能改善］。

このように、何に参加するかによって、すべき活動に変化をもたらし、自分の機能や能力にも影響を与えます。

②活動に影響を受ける参加や機能

もちろん、活動の変化が参加や機能に影響を与えることもあります。学校に行きづらくなっていた男の子［参加制約］が、お母さんと苦手だったリコーダーを練習し課題曲が吹けるようになると［活動ができるようになる］、安心して学校に行けるようになったりします［参加できるようになる］。

③環境の工夫からできる活動

［活動］は［機能］の影響を受けますが、できる活動が［機能］だけで決まるわけではありません。図にある［環境］の影響も受けるのです。

たとえば、飲食店で働く場合［参加］、お客さんから注文を取るという［活動］が必要です。しかし、聞きながら字を書くことが苦手［機能］という人がいたとします。そのままでは注文を取ることができず［活動制限］、飲食店で働くことはできません［参加制約］。

しかし、この飲食店が手書きメモではなくタブレット端末を導入し、タッチパネルを押しながら注文を取るようになったら、聞きながら字を書くことが苦手な人でも注文を取ることが可能になり、この飲食店で働くことができます。

このように、その活動を遂行するためにその人の機能や能力が不足していても、環境調整によって期待されている活動をこなすことができ、望む生活に参加することができるのです。

④健康的な生活を支える作業

作業療法の目的は、意味のある活動（作業）をできるようにすることによって、人びとが健康を得ることです。その人が望む人生を築くために、日々の健康的な生活が重要であり、その健康的な生活は、その人がその生活のためにやりたいこと、すべきこと（作業）ができることによって支えられています。

病院に勤めて3年目に出会った1人の女性の機能回復にしか着目できなかった私は、その女性が母親として家庭に参加するために重要な、子どもたちにご飯をつくるという作業に注目しなければいけなかったのです（99頁参照）。

そのことに気づいたときから私は、人の健康的な生活を支える作業に注目するようになりました。

⑤ 作業療法と学校

学校での子どもの支援を考えると、子どもにフォーカスすることになりますが、学校には子どもの作業、先生の作業が存在します。特に、平良校長先生に教わってから（75頁参照）、私は先生の健康にもフォーカスするようになりました。

子どもたちの成長を支えたいと願う学校の先生たちは、「教育を提供する」という作業を通して、子どもたちと向き合っています。そして、子どもたちは先生にほめられたい、友達と楽しく遊びたいなど、それぞれの希望を「学校で教育を受ける」という作業を通してかなえています。

「届けたい教育」をかなえることは、先生の健康と子どもの健康に良好な影響を与えます。学校はクラスのなかの誰か1人だけの健康を考えても何も進みません。先生、子ども、そしてその子に関わるすべての人が健康的に取り組めることが重要です。

「届けたい教育」というそれぞれの作業をかなえるチームアプローチによって、先生、子ども、そしてその子に関わるすべての人が健康的になっていくことを、学校現場の実践を通して実感しています。作業療法士自身が、その魅力を感じられることも大切なのだと思っています。

2 伝わる言葉を学ぶ

巡回を始めた当初、学校現場に作業療法士が入っていく文化がありませんでした。「どうして心理士じゃないのに？」「作業療法って何？」と、学校や行政の人たちに聞かれることがよくありました。病院での経験しかなかった私にとって、改めて「作業療法って何？」と聞かれることに戸惑いがありました。自分自身が作業療法を説明できなかったからです。

「作業療法士が取り扱う作業とは……」

「作業をすることで人は健康に……」

「作業療法士は身体・精神・認知機能を評価できて、環境も評価できて……」

当時さまざまな方法で作業療法を説明しましたが、理解してもらえなかったつらい経験があります。いま思い返せば、なぜ理解してもらえなかったのかがよくわかります。けれども当時は私なりに必死で、喧嘩腰になってしまうことさえあり、「何でわかってもらえないんだ」と家で悩んでばかりでした。

校内研修や行政への説明でも、初めは本当に会場全体を白けさせてばかりでした。とはいえ実は、さまざまな講習会で伝えている内容の根本的なことは、10年前もいまも何も変わっていません。では何が違うのでしょうか。

いまと当時との大きな違いは次の4つにあります。

- 相手の文化の言葉を使う。
- 相手に誠実な関心を寄せる。
- 相手の立場から物事を考える。
- 相手の語りを大切にする。

①相手の文化の言葉を使う

学校には、医療とは違う言葉が存在します。大きな違いはありませんが、その言葉一つでも先生たちがイメージしやすいか否かに影響します。

たとえば、私たち作業療法士が日ごろ使う「観察評価」は「授業を参観させていただく」と表現することでイメージが伝わります。「実態を把握する」という先生たちの使う言葉で伝えることもできます。

ボランティアで巡回していたとき、1人の子どもの状況を伝えた際に、担任の先生に言われました。

「仲間さんの関わりは、子どもを真っ白なところから理解していくようだ」

このように、学校の実践を通して先生たちが自らの視点で「作業療法って……」と表現した言葉があります。

「作業療法って、親と学校をつなげる」

「――、授業やクラス運営をするための素材をくれる」

「――、教育の視点とはまた違った視点で情報提供してくれる」

「――、子どもたちなりに、いろいろがんばってるって教えてもらった」

「――、そうか！　こうすればいいのか。なんかやってみたくなりますね」

ある学校の校長先生からは、次のように教えてくれました。

「仲間さんの取り組みは画期的とか、新しいやり方とか、そんな感じじゃなくて、なんとなく、自分たちが昔から知っていたような感覚さえもつんだよ。本当は、それをただ届けたかったんだなって、先生たちが自分たちの『届けたい教育』ができること、ただそれが、みんなを元気にしていくんだね。新しいようで、原点のような取り組みだね」

これらの先生たちから教わった「作業療法とは」を表現する言葉は、作業療法を作業療法士以外の人たちに説明するときにとても助けになりました。教えてもらった言葉を使って初めて理解してもらったときの感動を、いまでもよく覚えています。

②相手に誠実な関心を寄せる

相手の言葉を使うことは、その文化を尊重することにつながります。

担任の先生たちが忙しく、時間がないことはよく知られています。学校には教育課程が存在し、その学年でどんな教育内容をどの分量学んでいくのかなど、しっかりと決められています。その内容は細かく、クラスのなかの多様性あふれた子どもたち一人ひとりの教育ニーズに応えながら教えていくには、大変な努力が必要です。先生たちの忙しさはそういう環境のなかで生まれています。

「教育課程」「教育ニーズ」などの言葉は、そのように忙しいなか、どうにかしていきたいと取り組んでいる先生たちにとって大切な言葉でもあるのです。相手の文化の言葉を使うことは、イメージすることを助けるだけでなく、相手（学校の文化）に誠実な関心を寄せる私たちの姿勢としても伝わるのです。

作業療法は作業ができるようになることで、クライエントが健康になれることを支えています。作業はその人にとって意味のある活動なので、その人自身にしか真の作業を理解できないものです。

だからこそ私たち作業療法士は、クライエント（先生）の作業の語りに誠実な関心を寄せるべきなのです。そういう意味では、学校や先生の文化に対する姿勢は、本来あるべき作業療法士の姿勢だと思っています。

③相手の立場から物事を考える

学校の先生はとても真面目で努力家の方が多く、専門家が提供する情報も大切に受け取ってもらえます。しかし、専門的な見地からの関わり方やその子の特性などの情報は、提供された以上は活用しないといけない情報として、先生に新しい責任を負わせるリスクもあります。

一般に医学的に正しいか否かよりも、先生にとって、その情報が先生のクラス運営に有効か否かが重要です。もちろん学校に入る専門家は、その点を十分に配慮しています。しかし、それでも相手の立場から、その情報が有用である100%の保障はありません。

100%有用と保障ができない情報提供を、最大限そうであるようにするために心がけていることがあります。それは、必ず先生の「届けたい教育」の実現を目的とした情報を提供することです。そして、その目的を先生にしっかり示すことです。

私たちが情報を提供するときは、先生が目標にしたいことに対して、どういう目的をもって提供しているのかを、必ず伝えています。相手の立場から物事を考え、安心して取り扱える情報のタイミングと質と量が重要です（144頁参照）。

私たち専門家は、努力はしても先生の立場を100%理解することはできません。だからこそ、提供する情報も取り組みも、すべて先生の「届けたい教育」の実現を目的として、最大限の努力を続けないといけないと思っています。

④相手の語りを大切にする

先生が子どもたちと向き合うという作業に、どのような価値や意味をもっているのか、クラス運営は実際にどんなに大変なのか、先生が本当にやりたいことがどんなことなのか、私たちはそれを面接でていねいに聞いていくなかで関係を築き、取り組みを進めていきます。

その際、先生が話したいと思える環境を私たちが十分に準備できないこともあります。言葉にできない先生の思いも、先生自身が気づいていないこともあります。私たちは、どんなに努力しても相手をすべて知ることはできないということを忘れずにいることも重要です。

それでも、先生が自信をもって教育を届けていけるようにチームとして取り組むためには、最大限、先生からの発信で情報が形づくられ、情報を活用してもらい、取り組みが進んでいくことだと思っています。

ある学校で、30人のクラスで10人近くの子どもたちが、授業中に先生の話をかき消すようにおしゃべりをするなど、授業の進行を妨げる行為をし続けていました。そのクラスの先生と面談したときのことです。

私はこのとき、先生がこの状況を「大変だ」と感じていると思い込んで話をしていました。でも先生は次のように話しました。

「この子どもたちはエネルギーにあふれている。本当にすみません。認められる活動にエネルギーを注げるように環境をつくれていないから。認められたい彼らが努力しやすいように、私はクラスを立て直したい」

私は、先生が大変だろうと先に判断した自分の視野の狭さに恥ずかしくなりました。

先生はこの後、子どもたちを抑制したり制限したりするような取り組みを選ばず、認められる活動に少しでも多くのエネルギーを注げる環境づくりを選んでクラスの立て直しを行っていきました。私が「大変ですね」と言って学級づくりを進めてしまっていたら、先生の自由な発想とすばらしいクラス運営の視点に蓋をしていただろうと思います。

先生が本当にしたいことは、面接の場だけではくみ取れないこともよくあります。私たちの勝手な判断で事を進めず、取り組みながら先生の語りや表現に常に関心を寄せることが重要なのです。

3 文化を知る——教育現場の文化を学ぶ

私は自分の性格上、聞いただけでは理解できず、実際に見て聞いた実体験と知識とを合わせて初めて理解できることが多いタイプです。学校訪問を始めた当初は90%以上、自分の興味関心と学びの場として訪問していました。ボランティアでもまったく気にしていなかったのは、そこが理由だと思います

作業療法士は多くのお金を費やして講習会や研修会に参加します。私にとって学校のボランティア訪問は、そのような価値もありましたから、呼んでもらえるだけでも本当にありがたいと思って活動していました。そこでの学びがいまのゆいまわるのコンセプトになっています（82頁参照）。

本格的に訪問を始めた2016年には、ゆいまわるの仕事だけでなく、週に1回スクールソーシャルワーカー（SSWr）として学校に所属してもいました。県の事業の募集に手を挙げ、中頭教育事務所所属のSSWrになりました。学校の職員としての巡回や先生との面談、学校行事への参加、保護者との面談を経験できたことは、大変貴重で価値がありました。

SSWrは月に1度集まっての意見交換や研修会の機会があります。そこでは沖縄県の教育現場が直面している課題、その課題に取り組むための制度やその効果をていねいに学べました。いじめや不登校、家庭環境などにもていねいに関わる必要があることを学べたのも、そこでの経験があったからです。

文化を知るためにその社会に所属して学ぶことは、そこでの人とのつながりも生み出します。ゆいまわるは基本的に保護者からの依頼でスタートしますが、現在のようにさまざまな学校に紹介され、入りやすいように門を開けてもらえたのは、そのつながりで仲間となったSSWrや小中アシストのみなさんの力でもあります。

教育そのものの文化を学んでいても、学校現場に入るときは、その学校それぞれの文化も学ぶ必要があります。その文化は学校と取り組みを続けていくなかで、本当に深く知ることができます。

しかし、初めての学校に入り始める時期は、ほとんど学べていない状況です。学校側によき理解者が存在することは、その文化の橋渡しをしてもらえる大切なキーパーソンと言えます。文化を学べていない間は、こうしたその社会のキーパーソンに文化と言葉の翻訳を頼むようにしています。

4 実践は共通言語

初めての自治体や学校では文化も知らず、言葉も学べていません。そんななかで頼りになるのは実践です。別の学校での実践は、新しい場所でイメージしてもらい、安心してもらうために助けになります。実践はどの文化においても共通言語と言えるでしょう。

ゆいまわるを始めた当初から、先生たちの尽力のおかげで校内研修や保護者会、行政への説明など、さまざまなところで取り組みを説明できる機会がありました。しかし、初めの頃は伝わらない日々に悪戦苦闘でした。

ある研修会で私の拙い説明の後、当時いっしょに取り組みを進めていた学校の先生が言いました。

「私も半信半疑でスタートした。作業療法士って何だかわからなかったし。でも子どもたちが手に取るように変わっていったことも、私自身がこうしたらいいのかとわかるなかで行ってこられたことも、本当によかったと思いました」

このコメントが入った瞬間、会場の緊迫した雰囲気は一瞬で溶けました。

「実際何したの？」

「どんなふうに？」

次々と質問が寄せられ、結果的に「よくわかったよ。楽しそうな取り組みだ」と会場の理解が得られたことがありました。

そのときにわかったのです。先生たちは理論や説明よりも、自分たちが向き合っている子どもたちにどんな利益があるのか、いまのクラス運営にどう反映できるのかを知りたいのだと。

実践を通して伝えることは、先生たちが具体的なイメージをもつのを助けるのだと学びました。いままでも伝えたいことの後には、必ず事例を紹介しています。実践で結果が出せているという事実に信頼があるだけでなく、先生たちが具体的なイメージで理解するためにも、伝えられる実践を身につけることは重要なことだと言えるでしょう。

２０１４年に横浜で第16回世界作業療法士連盟大会が開催され、私はそこで他国の作業療法士に学校の作業療法を発表しました。会場で飛び交う言語は英語でしたが、英語を母国語にしている人ばかりでもなく、私自身も英語が十分に話せなかったため、表現しきれないなかでのポスター発表でした。

言葉の説明が十分にできずとも、実践を通して先生と子どもたちが変わっていくことは、文化も言葉も違う作業療法士の人たちにしっかり伝わりました。文化だけでなく本当に言語が違う世界でも、実践は共通言語のようです。

「作業療法士は何屋なのか」を伝えることは難しい。だからこそ、相手の文化と言葉を学び伝えていく努力を続けていくべきだと思います。しかし、すぐに相手の言語を学べるわけではなく、まずは共通言語である「実践」の言語をもつことは重要です。

その「実践現場がない」とよく相談を受けます。ボランティアであれば地域にはたくさんの機会があります。給与や立場にこだわらなければ、各地域でさまざまなスタイルで学校に関わる仕事が存在しています。まずは学ばせてもらう、共通言語をもつという姿勢で動き始めることが大切だと思っています。

5 実践できる力をもつ

クラス運営の難しさ、多忙さなど教員の健康、いじめや不登校などの多岐にわたる問題、子どもたちの多様性、子どもの貧困など家庭環境の変化、教員の不足、他職種連携など、学校にはさまざまな状況が存在しています。一方、すべての子どもたちが通う学校に対し、学校のプラットホーム化など学校の役割に期待が寄せられています。

そのような現場において、私たち作業療法士が臨機応変に対応できることも重要だと、日々感じています。個別の訪問支援の役割でスタートしたゆいまわるも、最近は実践を通して「作業療法士とはどんな人なのか」が伝わり、クラス運営を先生たちといっしょに考えるお手伝いもするようになりました。

まだ作業療法士の職域として学校が明確になっていないいま、いつでもどんな形にでも対応できるように、福祉サービスの形から入りつつ、現場のニーズには最大限応え、私たち作業療法士がどこで貢献できるのかを学び続けるよう努力しています。

そのため依頼されたらまずは断らず、できることにできるだけ向き合うようにしています。初めからいまのようにさまざまな状況やニーズに応えられるようになったわけではありません。そのような本職以外のニーズへの対応で育ててもらったからです。

研修会についても同様です。2017年、2018年度に依頼された校内研修や教育関係者向けの研修は46回でした。内容も子どもたちの理解について、クラス運営について、インクルーシブ教育についてなど多岐にわたっています。対象も教育関係者向け、保護者向け、最近は児童向けもあります。

児童向けの研修では「互いの多様性を知りクラスの仲間として自分ができることを考えよう！」という授業や、学校全体の300名を超える全学年の児童と保護者に体育館で話すというスタイルもあります。

講師として伝える技術も練習あるのみです。初めは時間をオーバーすることも、内容が期待に応えられない結果もありました。しかし、失敗するたびに伝え方を変え、依頼者のニーズにも最大限応える姿勢を常にもち続け、「できません」は言わず、「〇〇であればお応えできそうです」と相手に合わせてきました。

最近は、わかりやすいと評価してもらえることも多くなり、その分依頼も多岐にわたり、そのたびに学び続ける日々です。

このように、作業療法士が社会のニーズに応えられるよう発信し続けることも重要だと思っています。

6 キーパーソンを見つける

新しい環境に入っていく際、すぐには「話を聞いてみよう」という状況にならない場合があります。まったく初めての環境では不安が強く、「後々検討してみます」「上司に相談しておきます」などの流れのなかで、本題を話す機会に結びつきづらいときもあります。特に学校や市町村など社会の規模が大きくなればなるほど、説明の機会は得にくい傾向にあります。

「誰に話を通したらいいのか？」

「どう連絡を取ればいいのか？」

よく講演会でも聞かれますが、機会をつくる流れはケースバイケースなので、これといった答えは出しにくいかと思います。

①その社会のキーパーソンとの出会いを大切にする

最初の一歩を、どのように踏み出したらいいでしょうか。それには、その社会でキーパーソンを見つけることが重要だと思っています。大きな社会にどう説明すればいいかと悩むよりも、まずは、その社会のなかに1人でいいから興味をもってくれる人がいないか、アンテナを張ることです。

ゆいまわるがクラス運営までいっしょに考えるまでの関係になった、ある小学校との関係構築に至るプロセスを紹介します。

その学校にはスクールカウンセラーの定期的な訪問もあり、それ以上外部専門家が入ることはそもそも想定外でした。しかし、私の研修会に参加したその小学校の養護教諭から「自分の学校でもこんな取り組みをしてみたい」との話がありました。

学校の状況を聞いて、すぐに私が説明に行くのは不適切と判断し、この先生に詳しく説明しました。その先生が学校で説明して数週間後、私たちの学校説明にまでつながりました。その際には校長先生も教頭先生も、対象となる子どもの具体的なイメージがはっきりしていました。

養護の先生に、どんなふうに話を進めたのかを尋ねました。すると、教頭をはじめ総出で対応しているがうまく進まないケースについて、「こういうケースは、ゆいまわるに相談できるかもしれない」と説明したそうです。学校の真のニーズを知っている現場の養護教諭だからこそできた説明だったと、本当に感謝しました。

このように、新しい環境になかなか入って行けないときは、現場のキーパーソンと出会い、よく話し合い、その人を通じて伝わるよう努力することが重要だと思っています。

そして、そのキーパーソンを大切にすることも大切です。その人にはその社会にゆいまわるをつないだ責任があります。校長先生や教頭先生に「つながってよかった！」と思ってもらえるよう真心を込めて実践することが、キーパーソンへの最大のお礼になると思っています。

②キーパーソンのニーズに応える

社会が大きくなると、その社会のニーズも多様化していきます。小学校の場合は悩んでいる子どもの相談や保護者との関係づくり、クラス運営などになります。これが自治体になると、学校生活に加えて子育て支援や家庭環境などニーズはさまざまです。

これまで、それら多様なニーズをすべてていねいに聞いて向き合い、できるかぎり対応してきました。クライエントのニーズに向き合い応えていくことが、自分たちの実践力の育成にもつながり、キーパーソンとの関係づくりにもつながっていきます。

ゆいまわるを立ち上げてから大きな宣伝はしてきていませんが、11市町村にまで伝わりさまざまな学校に入れるようになったのは、こうしたさまざまなキーパーソンのみなさんの支えがあったからにほかなりません。

「学級がさらに温かい雰囲気に」

與那嶺忠（南風小学校校長）

2017年（平成29）年度に南原小学校に赴任してまず感じたことは、子どもたちの落ち着きのなさでした。教室から平気で出ていく子、大声でわめく子、立ち歩き、勝手な発言等々。

よく観察してみると、そのほとんどが〝困り感〟をもっている児童であり、教師はその対応に追われる毎日でした。私はうるま市教育委員会や沖縄県総合教育センターの指導主事、外部講師らを招聘し、講義やワークショップなどを校内研修に盛り込み、教師の資質向上に取り組んできましたが、単発の研修ではなかなか厳しい状況でした。

次の手を模索していたときに、あるきっかけから、ゆいまわる代表仲間知穂さんを知りました。

すぐにアポイントを取り、仲間さんを本校にお呼びしました。1時間あまりのお話で感銘を受けた私は、すぐにでも手助けをお願いしたいと申し出たのですが、保護者の了承という壁にぶつかってしまいました。それでも何とかしようとあれこれ思案に暮れていたときに、ある保護者から仲間さんといっしょに自分の子の〝困り感〟を少しでも解消したいとの要望がきました。渡りに船と私も快諾し、そこから仲間さんと南原小学校との関係が始まりました。

仲間さんは、当該児童の様子を観察しながら、併せて学級の雰囲気も捉えていました。そして、そのつど学級担任と話し合い、声かけや学級づくりについて確認しながら支援を進めていきました。もともと子どもたちも当該児童にはやさしく接することが

できていたのですが、仲間さんの支援が入ることにより、さらに子ども同士で支え合う力が増し、学級が温かい雰囲気に包まれていることは、私やほかの教師にもしっかりと感じ取ることができました。

沖縄県教育委員会が推進している「学力向上推進プロジェクト（平成29年〜平成31年）」は授業改善の6つの方策を示しています。その1つに「集団づくり・自主性を高める取り組みの充実」が挙げられ、支持的風土※づくりや生徒指導のポイントを生かした授業改善を推進しています。これらはいずれも、学級内での信頼関係や温かい人間関係を築くことで、よりよい集団づくりや自主性を高めることにつながっています。そのために教師は、児童一人ひとりのよさや特性を見極め、子どもと向き合いながら学級経営を行うことが重要となります。

これからの学校は、さらに多くの課題が増えることが予測されます。さまざまな課題に対応するために作業療法は必要な手段となるでしょう。しかし実現に向けては、保護者の了承と医者の判断が課題に挙げられます。現状の個人契約的な制度ではなく、学校の要望において配置ができるようになれば、もっと多くの学校や教師がそのスキルを学び、支持的風土をつくる学級経営が広がると思います。

未来を担う子どもたちへ「届けたい教育」を実行するために、作業療法が多くの学校に届けられることを期待しています。

※支持的風土＝失敗しても気持ちよく受け入れられる、どの子にも居心地のよい環境のこと。

「子どもの支援、親への支援、教師の意識改革」

松尾　剛（南原小学校教頭）

私が仲間さんとお会いしたのは、前任の県教育庁生涯学習振興課で社会教育主事として勤務しているときでした。家庭教育支援の事業のなかで講師をしていただいたご縁で、お話を聞く機会を得ることができました。

当時の生涯学習振興課では「親の学び合いプログラム」という事業を展開しており、そのリーダー養成のなかで仲間さんから、子どもへのアプローチの仕方をいくつか紹介していただきました。「できないこと」に目を向けるのではなく「できること」に目を向け、できることを増やしていくことが、親の支援の視点だと言われていたことに、すごく感銘を受けました。

今年、学校現場に戻り、縁あって特別支援の子ども理解での研修において再度、仲間さんの話を聞くことができました。私が今年、教頭として子どもや親の支援に携わるとき、この「できることを増やす」という視点を大事にしたいと考えています。

これは、教師に対しても同じです。学校にはたくさんの教師が所属しています。日々の教育活動に、それぞれが全力で取り組んでいる学校においても、教師の「できること」を増やすという意識は大切にしていきたいと考えています。

「子どもを中心に力を引き出すスタイルが合う」

大城昌信（みつわ保育園園長）

これまでは子どもたちにいろいろな取り組みをさせてきた。体操のトレーナーや水泳指導など外部講師も入れて提供する保育をしてきたが、これでいいのか？といつも疑問が残っていた。

こんなふうに保育者が提供する保育に、子どもたちを参加させていくのではなく、「もっと子ども中心で保育をしたい」「子ども中心の保育とは何だろう」と思った。

そして、提供する遊び、提供する活動ではなく、子どもたちが自ら考えつくり上げ「やってみよう」というチャレンジの気持ちから始まり、あーでもないこうでもないと、自分の体と向き合いながらできるようになっていく、まさに子どもたちが主体的に遊びを通してつくり上げる環境が大切だと感じ、みつわ保育園では今この保育に力を入れている。

●ゆいまわるを活用して

これまでは、検診や保育活動のなかで気になる子がいると、役場や検診のドクターに相談するくらいであった。相談したところでどうしたらいいのかという手立てもなく、結局これでいいのかという保育生活を経て小学校に行く。そうすると、やはり学校で適応できなくなっていく子どもたちを見て、これじゃいけないとは思っていた。

そんなとき、役場より母子通所支援事業の一環で行っている作業療法士の保育園訪問の紹介を受けた。説明で、1つは子どもの問題をどうするかではなくその子のもっている力をどう引き出すかという視点だったこと、2つ目にその子どもの力の引き出し方を生活のなかでどうしたらいいのかいっしょに考えてくれること、3つ目に保護者と関係を築いてくれること、の3点を聞いて「本当にほしかったのはこれだ!」と思った。

実際に入ってもらって、やはり一番影響があるのは保育士だと思う。保育士の子どもたちを見る視野が広がり、関わりが目的をもって行えるようになってい き、そのことが保護者との関係づくりにもいい影響を与えている。もちろん子どもたちも変わっていくが、やはり保育士の変化が大きい。保育士がその子を理解した時点で、子どもたちは自ずと成長できる。

保護者との関係は、本当に難しかった。これまでは「健診で気になったのですが」など、保護者側も不安になる言い方でしか声をかけられなかった。

でも、作業療法士の情報によって、その子の成長の引き出し方を生活ベースで保護者に話せるし、そこからさらにどう成長させようかという形で連携がスタートさせられる。そこからスタートした親御さんたちの表情からも、その連携がいかにいいのかがわかる。先日の面談も、初めはとても硬い表情だったお母さんたちがにこやかになっていた。にこやかにスタートできることは本当に重要。

保育士と親との距離も縮まったように感じる。やはり問題として声をかけられれば親もそれ以上は保育士に相談できないが、生活のなかで力を引き出す連携になれば、親も家庭のことを保育士に言いやすいのだろうと思う。

●これから期待すること

ゆいまわるに出会ったのは、ちょうど子ども中心の保育をしたいと思っていた時期だった。提供する支援ではなく、子どもを中心に力を引き出すためにつくり上げていく関わりというゆいまわるのスタイルは今、みつわ保育園に合っていると思う。

保育士は、経験や発達年齢的なものからこれがいいのではないかと、子どもたちの遊びや活動の環境をつくっていく。作業療法士はその活動がこの子のどんなところにいいのか、運動や考える力や、気持ちのコントロールなどの側面で紐解いてくれる。これにより、保育士は自分がしていることをちゃんと説明できる状態で保育することができるようになる。

今後、保育や遊びを保育士と作業療法士がいっしょに考えるようなことができたらいいなと思う。

Part. 7

学校訪問システムと
ＯＴの人材確保

――先進的な沖縄県の取り組み

Theme 1

産学官民連携による人材育成プログラムの取り組み

国立大学法人　琉球大学　地域連携推進機構　特命准教授　宮里大八

1 産学官民連携による人材育成プログラムの構築

琉球大学では、地域との共生・協働によって、「地域とともに豊かな未来社会をデザインする大学」をめざすとともに、太平洋島嶼地域を含めた地域の資源を活用し地域づくりを支える「アジア・太平洋地域の活性化に貢献する中核的な教育研究拠点」となることをめざすビジョンを掲げています。

これは、琉球大学が戦後、高等教育機関の設置を望む県民運動によって設立に至ったことや、1950年の開学から18年間、米国のLand Grant Universityであるミシガン州立大学から派遣された教師陣の指導を受けて根づいた「研究成果を地域に還元し、普及させ、地域に貢献する大学」となることの精神がいまでも継承されていることによるものです。

また琉球大学は、沖縄県に立地する唯一の総合大学として、沖縄県における多様な人材育成と科学技術の振興に貢献する責務を負っています。このことは、沖縄振興のための『沖縄21世紀ビジョン基本計画（平成24年策定)』においても、「本県唯一の総合大学である琉球大学においては、教育研究施設や地域貢献拠点施設等の整備充実を図り、人材育成、研究機能及び地域貢献活動の強化を促進する」ことが記されているところです。

こうした背景も踏まえつつ、琉球大学が掲げるビジョンの達成に向け、主に社会貢献の観点から、第3期中期目標期間において、地域活性化の拠点となるべく、県内企業、経済団体、沖縄県、内閣府沖縄総合事務局などからなる「沖縄産学官協働人財育成円卓会議(以下、円卓会議)」を活用して、高度な地域人材づくりのための魅力ある実践的プログラムの開発・提供システムの確立をめざしています。

また、島嶼地域における地域創生と地域イノベーションに向けて、地域社会を支える人材および地域産業の振興を担う人材の高度化のため、琉球大学に設置する地域連携推進機構が中核となり、大学の教育研究資源と産官民がもつ多様な資源を活用して、地域の声を充分にくみ取りながら、産学官民協働による実践型の教

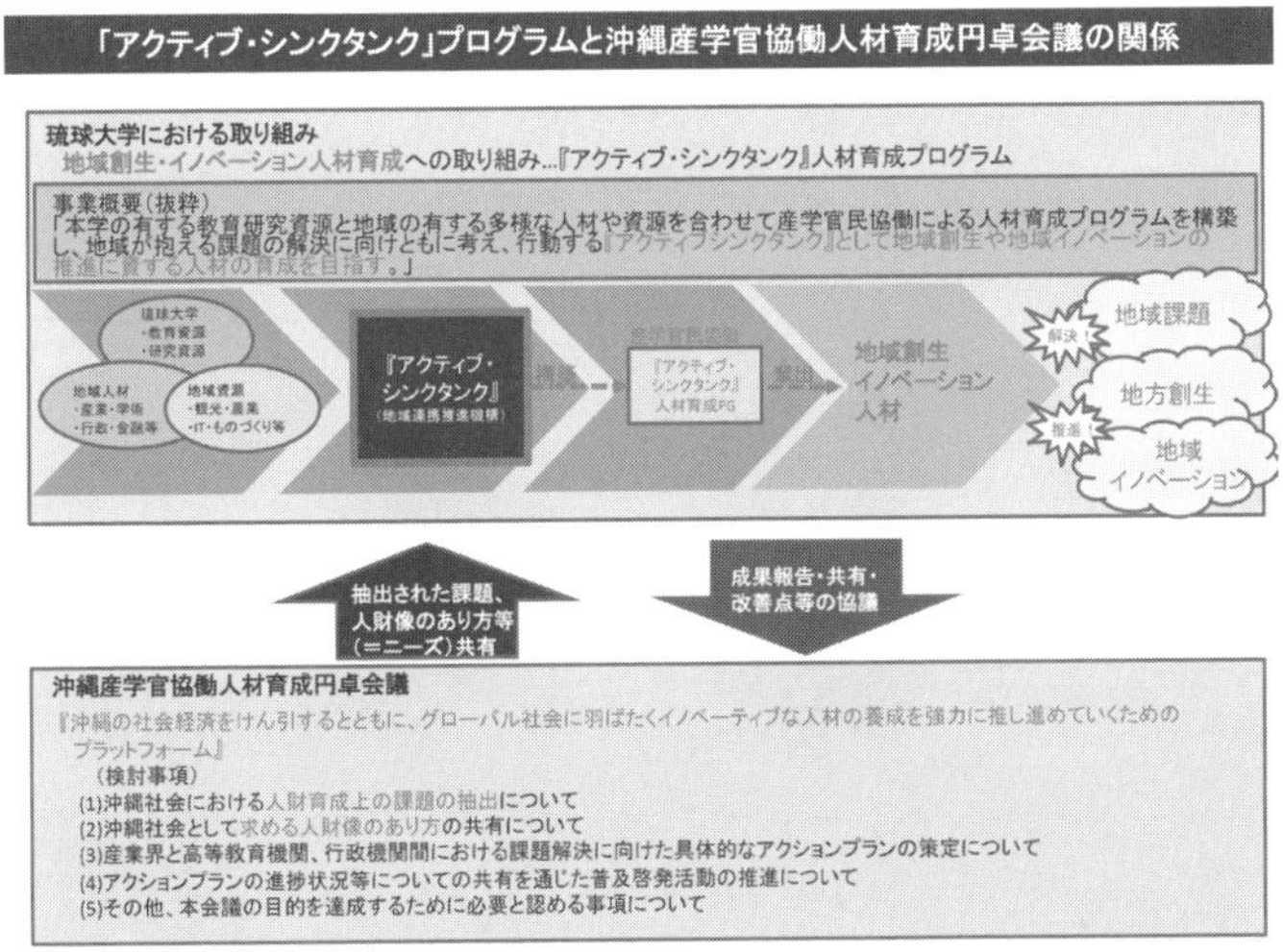

図)「産学官民協働による実践型の教育システムの構築」の概念図

育システムを構築しています。

2. 地域の子どもを支援するインクルーシブ教育推進人材の育成ワーキンググループの立ち上げ

そのようななか、円卓会議の下に「地域の子どもを支援するインクルーシブ教育推進人材の育成ワーキンググループ」（座長：本村真琉球大学人文社会学部教授）を2017年12月に立ち上げました。その後、4回のワーキンググループを開催し、2018年8月に「地域の子どもを支援するインクルーシブ教育推進人材の育成プログラム　キックオフフォーラム」を開催しました。

同フォーラムでは、こども相談支援センターゆいまわるの仲間知穂代表が「子どもの貧困解消のための学校と福祉の連携について　届けたい教育は何ですか？　～インクルーシブ教育の推進のための作業療法士の育成に向けて～」をテーマに基調講演を行いました。

ゆいまわるで2016年から県内10市町村の小学校など

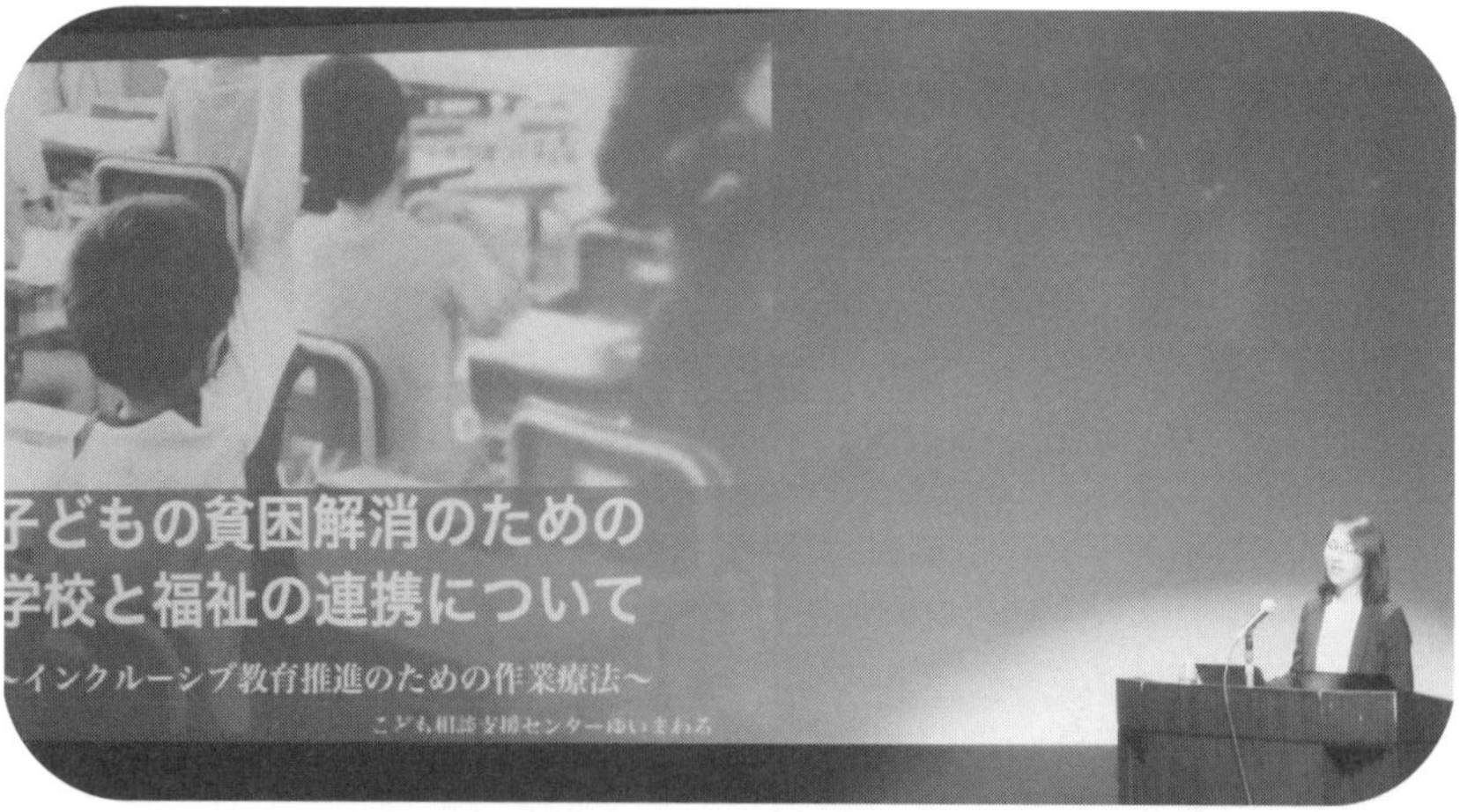

こども相談支援センターゆいまわるの仲間知穂代表の基調講演

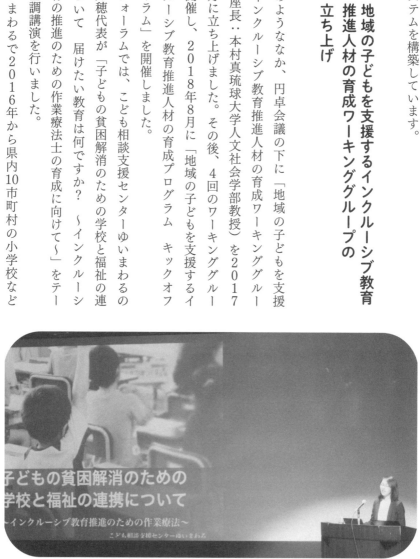

で児童100人以上を支援してきた事例を報告し、教室や学校での問題行動そのものを解決しようとするのではなく、学校・家庭・サポーターなどのマルチステークホルダーの関係者が「子どもたちに何ができるようになってほしいか、どんな教育を届けたいかが大切」という講演でした。

パネルディスカッションでは、仲間代表に加え、ワーキンググループの座長である琉球大学の本村真教授、南風原町こども課の前城充課長、うるま市立南原小の與那嶺忠校長が登壇し、モデレーターを私（宮里大八）が行いました。

與那嶺校長からは「子どもたちに変化が起き、3か月でクラス全体が落ち着いた」と効果を強調され、外部のサポーターだけでなく、教職員が作業療法のスキルをもつべきであり、そのために自主的な研修を行っているというお話がありました。

また、南風原町では作業療法士と連携した支援を行っており、前城課長からは「南風原町をモデルとして、県内の多くの市町村に広げるために人材育成の仕組みを構築していく必要がある」と述べられていました。

パネルディスカッションの様子

③「地域の子どもを支援するインクルーシブ教育推進人材の育成プログラム」などの実施

2018年9月から琉球大学にて開発した3つの人材育成プログラム「地域子ども総合支援基礎講座（第1回から第5回）」「地域子ども総合支援者養成講座（第1回から第10回）」「地域の子どもを支援するインクルーシブ教育推進人材の育成プログラム（第1回から第15回）」を実施しています。

講座の目的は、地域のニーズに応え作業療法の視点を活かし貢献できる技術者を育てることです。現在の地域において多様性あふれる子どもたちに対してさまざまな対応が求められていますが、現場では、子どもたちにだけでなく、子どもを取り巻く養育者や環境との関係性においても多くの課題があります。子どもの地域生活支援および、学校生活支援に必要な知識と技術を学ぶことで、学校も家庭も専門家も安心してチームを築けることが重要課題であると考えます。

講座では、子どもたちの可能性を引き出す地域生活の支援に必要な知識と技術について学ぶことが可能です。15回の講座のうち5回までは、作業療法士の方に加えて、子ども支援を始めたい方も受講できます。具体的には、「学校について」「子どもを取り巻く地域資源」「子どもの発達について」「子どもの生活と社会問題」などを学べる内容となっています。

1回から10回までの「地域子ども総合支援者養成講座」の受講生には講義を通じて、作業療法士がもつ知識や技術をどのように学校現場に活用しているのかを学び、子どもたちを取り巻く環境や支援者のネットワークを構築することをめざしています。10回の講座の主な対象者は、学校現場や行政担当者、NPO職員などの経験や知識をもっている方となります。

表）講座内容一覧

プログラム		
実施日	時　間	講座内容
2018/9/1(土)	13:00〜14:30	第1回　学校教育のシステムについて 新崎　毎子(浦添市特別支援教育コーディネーター、元沖縄県立特別支援学校校長)
2018/9/1(土)	14:40〜16:10	第2回　沖縄県子どもの貧困対策計画について 喜舎場　健太(沖縄県子ども生活福祉部　子ども未来政策課課長)
2018/9/15(土)	13:00〜14:30	第3回　子どもの生活と社会問題①(ひきこもり、若者支援) 蟇目　崇(認定NPO法人　侍学園スクオーラ・今人　沖縄校校長)
2018/9/15(土)	14:40〜16:10	第4回 子どもの生活と社会問題②(不登校、子どもの孤立対策) 前城　充(南風原町こども課)
2018/10/6(土)	13:00〜14:30	第5回　子どもの生活と社会問題③(虐待・養護施設・福祉・貧困対策) 本村　真(琉球大学法文学部 教授)
2018/11/23(金)	13:00〜14:30	第6回　コンサルテーションに必要な理論① 友利　幸之介(東京工科大学　作業療法士)
2018/11/23(金)	14:40〜16:10	第7回　作業療法の基礎的理論① 齋藤　佑樹(仙台青葉学院短期大学准教授　作業療法士)
2018/11/24(土)	13:00〜14:30	第8回　作業療法の基礎的理論② 齋藤　佑樹(仙台青葉学院短期大学准教授　作業療法士)
2018/11/24(土)	14:40〜16:10	第9回　コンサルテーションに必要な理論② 知名　孝(沖縄国際大学人間福祉学科准教授／NPO法人ぺあさぽーと理事長)
2018/12/2(日)	13:00〜14:30	第10回　感覚統合理論 高畑　脩平(白凰短期大学)
2018/12/2(日)	14:40〜16:10	第11回　感覚統合の評価と実践 高畑　脩平(白凰短期大学)
2018/12/8(土)	13:00〜14:30	第12回　学校の作業療法とは 仲間　知穂(こども相談支援センターゆいまわる)
2018/12/8(土)	14:40〜16:10	第13回　協働関係の構築に重要な面接技術 仲間　知穂(こども相談支援センターゆいまわる)
2018/12/15(土)	13:00〜14:30	第14回　作業遂行評価と情報提供 仲間　知穂(こども相談支援センターゆいまわる)
2018/12/15(土)	14:40〜16:10	第15回　事例を通して考えよう 仲間　知穂(こども相談支援センターゆいまわる)

地域子ども総合支援基礎講座の会場の様子

全15回の講座「地域の子どもを支援するインクルーシブ教育推進人材の育成プログラム」の受講生には講義を通じて、子どもたち、そして作業療法士の未来に期待を馳せ、今後も必要な知識や技術に対し能動的に学び、考え、多くの人とつながり、積極的に地域のニーズに応え貢献できる専門家になれることを期待しているものです。本講座は、作業療法士の有資格者へ提供するものとなります。

4 作業療法（ゆいまわる）に期待していること

琉球大学では、２０１７年度より沖縄産学官協働人財育成円卓会議の協力のもと、発達障害児支援の作業療法士育成分野における「地域の子どもを支援するインクルーシブ教育推進人材の育成ワーキンググループ」を立ち上げ、地域創生や地域イノベーションの推進に資する人財の育成をめざしています。

今回、国内初となる「地域の子どもを支援するインクルーシブ教育推進人材の育成プログラム」の公開講座を

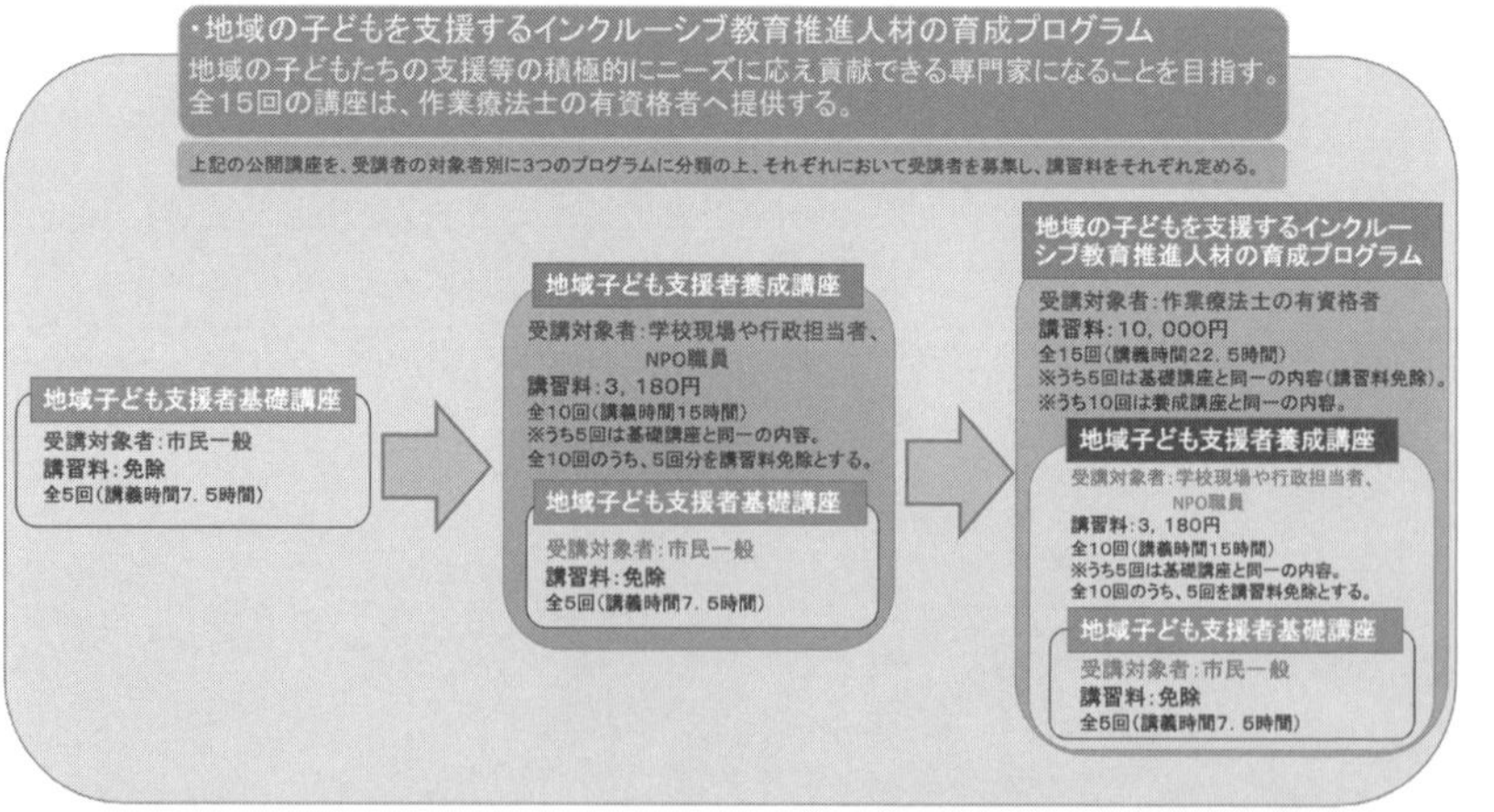

図）琉球大学「地域の子どもを支援するインクルーシブ教育推進人材の育成プログラム」概念図

9月より開講するにあたり、ゆいまわるの仲間代表には、県内外の講師のアテンドや関係機関との調整を積極的に行っていただきました。

沖縄では、2015年度に沖縄県が公表した子どもの貧困率が29・9%、全国の2倍となっているほか、不登校児童生徒の割合も全国と比べ高く、学校と福祉が連携して対策を推進する必要があります。

琉球大学が事務局として開催している講座は、2016年から実績が出始めている仲間代表の子ども支援の手法に、沖縄県作業療法士会や琉球大学が検討を重ね、講座を開設するに至りました。講座の目的は、地域のニーズに応え、作業療法の視点を活かした子ども支援者を育てることです。

今回の取り組みは、作業療法士、学校関係者、行政関係者、学識者から、この革新的な子ども支援についての取り組みであり、各種人材育成プログラムを日本のなかでも先進的な取り組みとして継続実施するためにも、ゆいまわるの活動を全県的に広げ、全国のロールモデルとして提供されることを期待しています。

そして、いつか必ず「障がいという言葉のない学校をつくりたい」というビジョンを実現していきましょう。

Theme 2

作業療法士による学校での支援と多職種連携

国立大学法人　琉球大学　人文社会学部　人間社会学科　教授　本村　真

ゆいまわる仲間知穂代表の実践する学校における作業療法の視点・技術が具体的にどのように活かせるのかを学ばせてもらう機会を得たので、その際に感じた魅力などを以下で報告したいと思います。

私と仲間代表の出会いは、琉球大学内で地域課題解決のための人材育成を企図する事業においてでした（別稿で宮里先生による報告が記載されています）。すでに沖縄県内で実績を積み重ねている実践報告をお聞きし、ぜひともその実践を、私がスクールカウンセラーとして関わらせてもらっている現場でも実施してほしいと強く思いました。

琉球大学では地元金融機関と連携して、地域ニーズなどの解決を通した地域貢献をはかる「産学官金共同研究スタートアップ支援事業」が実施されています。私は、採択されていた「島嶼地域における児童・生徒の自己肯定感を高める連携体制の構築」の一環として、仲間代表の学校支援を直に学ぶ機会を得ました。

実際に仲間代表の学校における実践に触れる経験を通して、学校での支援においてとても有効だと感じた点がいくつもあります。

1 寄り添える感覚が増す見立ての細やかさ

まず、子どもたちの現状に対する見立ての細やかさと、そのような見立ての支援者の共感性の向上へとつながる効果です。

今回の支援は幼稚園在園生と小学校低学年の児童への支援でしたが、それぞれの子どもが示している課題、たとえば、集団行動への適用に関する課題（集団行動の時間に1人遊びを続ける）や、授業中の集中力に関する課題（授業が始まってしばらくすると姿勢が崩れ集中できなくなる）、あるいは仲間とのコミュニケーションに関する課題（仲間に入ろうとせず孤立しがち）について、それぞれの「役割」遂行に必要となる身体発達についての理解をベースに、それぞれの子どもの現状の身体的な特性との関連が示されました。

このような作業療法の知識による理解を得た上で、子どもたちの様子を改めて観察すると、それぞれの子どもたちに寄り添える感覚が増えると感じました。

たとえば、これから集団活動が始まるという雰囲気になると急に活発な行動を始める子どもの行動に対して、「しないといけない」というルールはすでに理解しているのだけれども、協調的に行動する身体の準備ができていないことで、これまでそのような集団活動で失敗が多く、その経験から「できないかもしれない」という不安が先に立ちそれを避けるために一人遊びにつながっている、という説明がなされました。

本当はルールを守って先生や仲間といっしょに過ごしたいというその子の願いや、だけどもできなくて失敗するのは嫌だという不安や悲しみが感じられました。作業療法的な理解がなければ、「家庭でのストレスを発散するための自由な活動が必要なのかな」とか、「先生に注目されたくて、わざと目立つ行動をするのかな」といった焦点がズレた見立てとなり、それが評論家的な態度につながって、子どもへの寄り添いを妨げることになったかもしれないと思います。

2 視点をシフトさせる上でも有効な「届けたい教育」

有効と感じた2点目は、常に担当の先生の「届けたい教育は何か」に焦点を当て続ける姿勢の有効性です。先生方の業務の都合もあり、初めに子どもたちの様子を観察した後で、先生方と情報共有の場をもつ場合もありました。観察によってすでに専門的なある程度の見立てがなされていても、仲間代表は担当の先生の伝えたい話題から話を聞き始めていました。その上で「その子に届けたい教育は何ですか」を問い、それがクラスで実現するためにその子どもに身につけてほしい役割などを確認していく対話が、ていねいになされました。

担当の先生の「届けたい教育」が明確になった段階で、作業療法的な視点による子どもの身体的な特性とそれゆえの現状の行動の特徴、そして今後の支援において利点となる「うまくできていること」についての説明がなされました。

通常の学校現場における相談活動、たとえばスクールカウンセラーと先生方との対話においても、担当の先生の伝えたい話題について、まず話を聞き始めることはあると思います。そのような対話においては先生方が問題と感じている状況や、その解決に向けた先生方のこれまでの工夫や苦労も多く語られます。

このように語り、それが理解されたと実感することで安心感が得られる場合もあると思いますし、そのようにして心の余裕が生じることで、子どものよい変化が確認されることや、今後の対応に向けた新たなアイデアが生まれ、具体的なステップへとつながることもあります。あるいは、スクールカウンセラーの過去の経験からのアドバイスが、うまく担当の先生の状況にフィットする場合もあるかもしれません。

作業療法の知識・スキルをもとにした仲間代表の対話によってもたらされる効果が、このような効果と異なる点として、担当の先生の「届けたい教育」に寄り添った、個々の状況に応じたオーダーメイドなコンサルティングとなることがあげられます。「その子に届けたい教育は？」という質問自体、さまざまな業務に追われて余裕を失いがちで、しかも気になる生徒が複数いる状況の先生方にとって、「問題」から「解決」へ視点をシフトする上で有効だと思います。

加えて、ヒトが役割を遂行する上での作業工程とそれに必要な身体の動きに関する膨大な専門知識をもとにしてなされる、届けたい教育の実現に向けたスモールステップの支援の提案は、多忙ななかでも実現可能な新たな支援として前向きに受け入れられ、担当の先生方のモチベーションの向上につながると感じました。

3 スクールソーシャルワーカーなどとの連携の有効性

また、ここで述べた知識・スキルは、スクールカウンセラーやスクールソーシャルワーカーと連携した支援においても有効になると感じました。

琉球大学・人材育成事業の会議風景。左より本書の執筆者、宮里大八准教授、本村真、前城充課長

スクールカウンセラーの支援においては、各種の心理検査結果や過去の成育歴や家族関係などに関する語りから得られる情報、場合によっては関連するトラウマ記憶の知見なども活かして見立てが示されます。スクールソーシャルワーカーは、親族を含む家族関係や近隣との関係などの社会的関係に関して各方面から得られる情報と、活用できそうな社会資源の情報を併せて判断して、今後の支援プランの作成に臨みます。

それぞれの専門性を活かした知見でよい変化につながる場合も多いと思いますし、もちろん各専門性の強みもあります。と同時に、それらの情報は子どもたちや先生たちが活動する学校の「いま、ここ」から時間的・空間的にどうしても離れてしまう面があります。

子どもたちが多くの経験を積み重ねる学校という場で示される、リアルな反応の1つとして身体が示す「いま、ここ」の情報、子どもたちの教育を一番身近な立場で支援しようと奮闘している先生方の「いま、ここ」の情報（いま、この子に届けたい教育）、このような情報とそれぞれの専門性によって有効だと判断される情報とを重ね合わせる作業を通して、一歩間違えると前述のように支援者が期せずして評論家的になってしまい、子どもたちや先生方への寄り添いが薄くなってしまうという、残念な状態を減らすことにつながると実感しました。

生身の身体の各機能は、生まれつき誰しも凸凹があるようですし、加齢による変化も人それぞれでしょう。支援者としての役割、あるいはそれ以外の日常的な役割をこなす上でも、自分自身の身体的な特性・個性を活かしたり、時にはそれと奮闘したりしているという私自身への気づきを得られたことも、成長の途中にある子どもたちへの支援の幅を大きく広げるきっかけになったと感じています。

Theme 3

障がいのある子どもと家族、そして学校の先生をもっと元気に

沖縄県南風原町　民生部こども課　課長　前城　充

① 悩みを希望に変える作業療法

日本全国どこの自治体でも、発達障害に関することで悩んでいる方々から相談を受けているはずです。その相談のほとんどは、保護者あるいは保育士や教員など、支援を必要とする児童に関わっている方から届けられます。

その相談のなかには、専門医から診断を受けた子のほかに、何らかの事情で専門医に診てもらっていない子も一定数はいます。そもそも支援の方法が多種多様な上に、納得のいくような支援方法がなかなか見つからず、日々悶々としながら対応しているのが現状でしょう。

私も現在のこども課に来て5年目ですが、3年目までは支援方法で悶々としていました。私の悩みは次のような感じでした。

「補助員の加配や特別学級での支援でいいのかなぁ」

仲間さんの取り組みについての講演会は町や町社協、
保育園会などいろいろな所で開催され、情報が共有されました。

「この支援、義務教育が終わったらどうなるんだろう」

「そもそも、クラスで仲間といっしょに過ごせないだろうか」

しかし2016年11月に、ある特別なスキルをもった作業療法士（以下、OT）に出会ってから、私の悩みは希望に変わりました。

私はこれまで、OTは高齢者の施設でリハビリなどの支援をしている方というイメージでした。ですから、子どもの支援に関わるOTがいることを知って驚きました。

その情報は岡山県から届けられました。学童クラブに通っている子（発達支援を必要とする子）に対するOTの作業療法により、学童クラブ支援員のものの見方と支援の方法が変わったと言うのです。そして、なんと沖縄県にも同様に支援をしている方がいると聞き紹介していただいたのが、仲間知穂さん（こども相談支援センターゆいまわる）でした。

私が仲間さんにお会いしてから何度か直接お話を

させていただき、実際に南風原町で仲間さんの取り組みに関する勉強会を数回行いました。そしてこの方の取り組みでなら、私たちの悩みは救われると思いました。

私が考えていたOTの活用は、岡山県が取り組んでいる学童クラブではなく、学校でした。しかもクラスに入ってまるごと支援するイメージをもっていました。仲間さんは私のイメージ通り、数年前から沖縄県中部地域で小学校のクラスに入って支援を行い成果も出していました。

学校のなかに入って支援する。言葉では簡単ですが、現実にはいろいろな壁があります。私は過去にPTA活動をずっと続けてきて、教育委員会勤務の経験もあり、社会教育主事として学校と地域をつなぐ仕事もしてきたので、普通の方より学校の内部も見てきたと思っています。全体的に見た学校のご苦労、個別的な先生方のご苦労など、やはり学校の内部にはいろいろなことがあります。そのご苦労をしっかりと受け止めてものごとを進めないと、連携などあり得ません。私も過去に学校現場との関係で失敗を経験しているので、肌感覚でうまくいくかいかないか、わかるのです。

仲間さんのものごとの捉え方と伝え方、伝える順序、伝えるタイミングはすばらしいと感じました。その上にOTとしての専門的かつ的確なアドバイスがいただけるので、ぜひ学校で支援してほしいと思いました。先述した「ある特別なスキル」とは、このように学校とうまく調整できるスキルことなのです。

2 学童クラブでのモデル事業から

さて、OTに学校現場に入ってもらい、支援対象の子どもとクラスメイト、そして先生を含めてクラス全体を支援するという熱い思いを抱き、私は行動に出ました。最終目標は「障がいのある子どもと家族、そして学校の先生をもっと元気に」です。

仲間さんと知り合ってからの約半年間は、私の学びと私が所属する民生部内での情報の共有、そしてOTの活用に関する施策展開の準備に費やしました。とても大切なことです。

ちょうど半年たった頃、先進地・岡山県でのOT活用の仕掛け人である同県学童保育連絡協議会の糸山智栄会長から「ある予算がついたので、南風原町でOT活用実践をしませんか」という朗報が届きました。

その支援を受け、夏休みを利用して、町内の4つの学童クラブで初めてOTを活用したモデル事業を実施しました。結果、発達障害のある子どもたちに関する理解と、支援方法に関する新たな気づきがかなり得られ、支援員の成長が成果として表れました。実際に現場で支援している方々から「物事の見方が変わった」と生の声で成果が得られたので、OTの活用による支援はうまくいくと思いました。

2017年8月、南風原町内の学童クラブに初めてOTが入りました。
指導を受けた後の学童クラブ支援員の全体会議の様子。

確信を深めた私は、次のステップとして町教育委員会職員に対するOT活用の説明会を開催しました。夏休み明けの9月のことです。その前段として、私が所属している民生部では、OT活用に関する横の連携はしっかり取れていました。

3 たった1時間で「晴れ晴れとした笑顔」

続いて、10月頃からは教育委員会の指導主事と担当課長と会議をもち、学校でOTを活用することの意義を説明しました。その会議で、「教育委員会から学校へ提案はできないけれど、こども課から直接、学校に打診してみてはどうですか」というアドバイスをいただき、即行動に移しました。

町内には4つの小学校がありますが、OTの活用に関心を示し、行動に移してもらえそうな学校があったので、11月に校長先生に相談に行きました。説明を終えたあと校長先生は、「民生部が学校を支援してくれるのはありがたい。ぜひお願いします」

教育委員会職員に学校でのOT活用について講演会を行いました。
1つずつ丁寧に進めていくことを心がけて取り組みました。

と、話はトントン拍子に進みました。

そして12月15日、その小学校の先生方にOT活用の意義を説明しました。そのときの先生方の「何か光が見えた」というような目が忘れられません。主任の先生からいただいた感想です。

「参加した先生方は、職員室に戻っても話があふれていました。どの先生も楽しかったと言っています。すごいことですよね。日々悩んでいてワラにもすがる思いで参加して、たった1時間の会議を経て〝楽しい〟と晴れ晴れとした笑顔になれるのですから。作業療法士ってすごいと思いました。感謝です」

この小学校では、2018年4月から本格的にOT導入を始めました。

4 みんなで包み込むクラスに

OTの支援に関する評価はすぐにほかの小学校にも伝わり、現在3校にまで広がりました。

しかし、支援するOTの数が足りないので人員不

町内の小学校に初めて入り、OTによる支援の説明を行いました。参加した先生方の目の輝きはいまでも忘れられません。

足の課題が出てきました。この課題が生じることはわかっていましたから、宮里大八氏の紹介による人材育成の準備を平行して整え、2018年9月から研修をスタートさせました。

　OTによるクラス支援は平均9か月で終えることができ、次のクラス支援へと向かいます。支援を受けたクラスは、先生とクラスメイト全員で、支援を必要とする子を包む込むような状態に向かいます。

　この支援を5年、10年と続けることでインクルーシブな社会が構築されるのではと期待しています。その期待も込めて取り組みを進めていきたいと思います。

作業療法士による福祉と教育が連携した子ども支援(南風原町《はえばるちょう》)

～障害のある子と家族、そして学校の先生をもっと元気に～

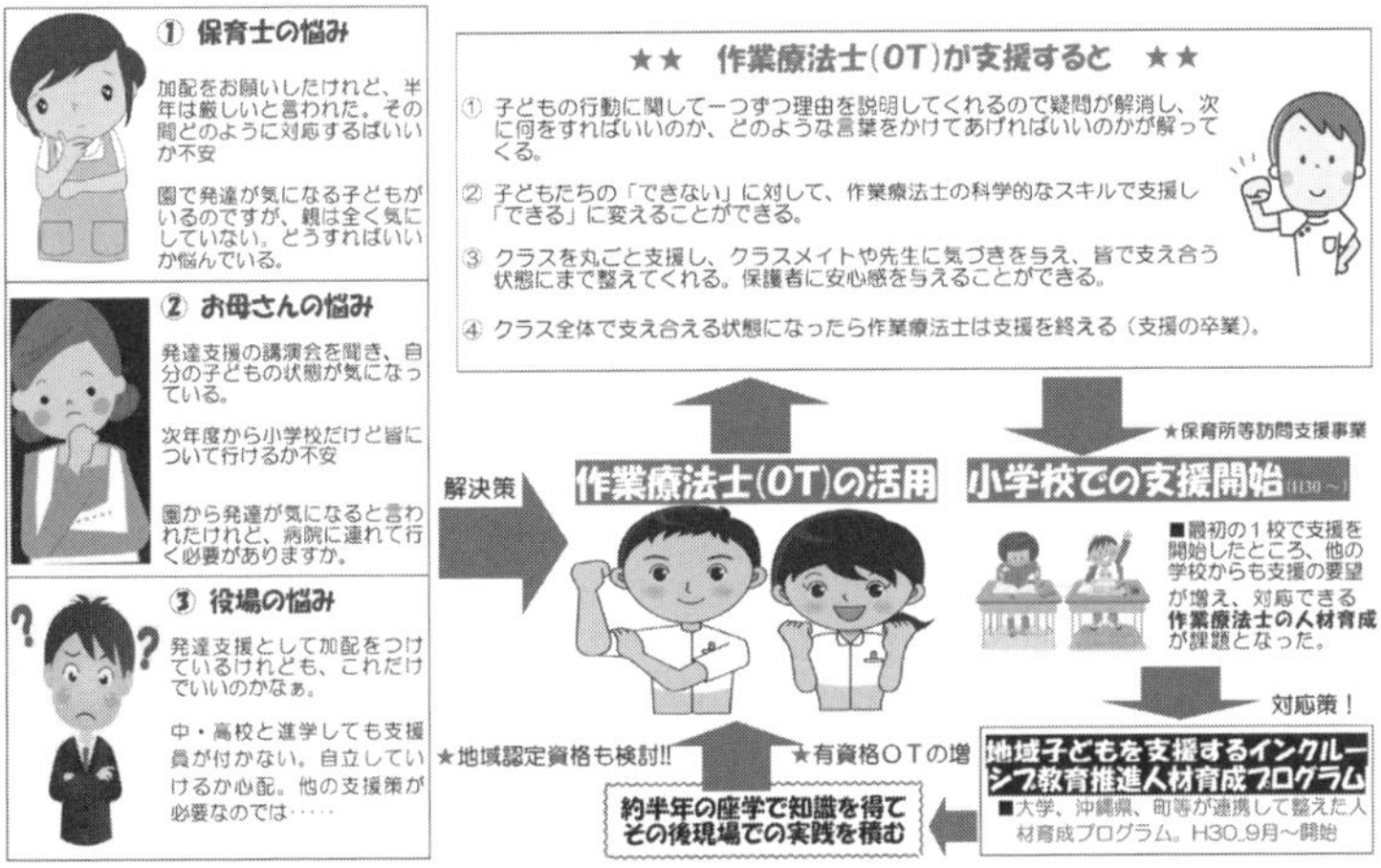

編者プロフィール

●仲間知穂（なかま　ちほ）

1979年東京生まれ。2002年東京都立保健科学大学1期生として卒業。回復期の河北リハビリテーション病院、琉球リハビリテーション病院に6年間勤務後、作業療法士の養成学校・琉球リハビリテーション学院で7年間講師を務める。2009年よりボランティアで学校での作業療法を開始し、2016年作業療法士による学校訪問専門の事業所「こども相談支援センターゆいまわる」設立、2020年8月福祉型児童発達支援センター「こどもセンターゆいまわる」設立、代表。3児の母。

●こども相談支援センターゆいまわる　（こどもそうだんしえんせんたーゆいまわる）

〒904-1106 沖縄県うるま市石川828番6

●こどもセンターゆいまわる

〒901-1102　沖縄県南風原町宮城29番地　Tel.098-851-7897 Fax.098-901-4415

HP：yuimawaru.com　 mail：info@yuimawaru.com

●Part 1 執筆者

沖田直子・前原優・比嘉一絵＝こども相談支援センターゆいまわる職員、いずれも作業療法士

松村エリ＝元こども相談支援センターゆいまわる職員・現在フリー作業療法士

学校に作業療法を

「届けたい教育」でつなぐ学校・家庭・地域

2019年２月28日　初版発行
2023年８月31日　第３刷発行

編　著●Ⓒ仲間知穂　Chiho Nakama
　　　　こども相談支援センターゆいまわる
発行者●田島英二
発行所●株式会社 クリエイツかもがわ
　　　　〒601-8382 京都市南区吉祥院石原上川原町 21
　　　　電話 075(661)5741　FAX 075(693)6605
　　　　http://www.creates-k.co.jp　info@creates-k.co.jp
　　　　郵便振替　00990-7-150584

イラスト●ホンマヨウヘイ　装丁・デザイン●菅田　亮

印刷所●モリモト印刷株式会社

ISBN978-4-86342-253-7 C0037　printed in japan

好評既刊本

定価表記

あたし研究　自閉症スペクトラム～小道モコの場合　1980円
あたし研究2　自閉症スペクトラム～小道モコの場合　2200円

自閉症スペクトラムの当事者が「ありのままにその人らしく生きられる」社会を願って語りだす―知れば知るほど私の世界はおもしろいし、理解と工夫ヒトツでのびのびと自分らしく歩いていける！

特別支援教育は幸福を追求するか
学習指導要領、資質・能力論の検討　三木裕和／著

OECDが進める国際的な学習到達度調査PISAから眺める学力、特別支援学校学習指導要領改訂が求めるもの、そして、実践からみえる若者の感覚とこれからを歩む権利。教育現場が必要とする知見をわかりやすく、鋭く問う。　1870円

特別支援教育簡単手作り教材BOOK　ちょっとしたアイデアで子どもがキラリ☆

東濃特別支援学校研究会／編著

授業・学校生活の中から生まれた教材だから、わかりやすい！すぐ使える！「うまくできなくて困ったな」「楽しく勉強したい」という子どもの思いをうけとめ、「こんな教材があるといいな」を形にした手作り教材集。　1650円

こどもと家族が人生を描く 発達の地図
山口清明・北島静香・特定非営利活動法人はびりす／著

理想的な家族像にとらわれた家族の悩みはつきない。発達段階ごとの問題が次々とやってくる。多くの発達相談を受けてきた作業療法士がつくりあげた『発達の地図』。3つの道具と9つの質問で自分と対話し、1枚の「地図」を描くだけで、こどもと家族の未来は希望に輝く！　2970円

みんなでつなぐ読み書き支援プログラム
フローチャートで分析、子どもに応じたオーダーメイドの支援
井川典克／監修　高畑脩平、奥津光佳、萩原広道、特定非営利活動法人はびりす／編著

くり返し学習、点つなぎ、なぞり書きでいいの？　一人ひとりの支援とは？　読み書きの難しさをアセスメントし、子どもの強みを活かすオーダーメイドのプログラム。教育現場での学習支援を想定、理論を体系化、支援・指導につながる工夫が満載。　2420円

凸凹子どもがメキメキ伸びるついでプログラム
井川典克／監修　鹿野昭幸、野口翔、特定非営利活動法人はびりす／編著

「ついで」と運動プログラムを融合した、どんなズボラさんでも成功する、家で保育園で簡単にできる習慣化メソッド！　児童精神科医×作業療法士×理学療法士がタッグを組んだ生活習慣プログラム32例　1980円

いちばんはじまりの本　赤ちゃんをむかえる前から読む発達のレシピ
井川典克／監修　大村祥恵、町村純子、特定非営利活動法人はびりす／編著

あじわい深い子育てをみんなで楽しむ“いちばんはじまりの本”助産師・保健師・作業療法士・理学療法士・言語聴覚士・保育士・医師・市長・市議会議員・家族の立場、みんなで描く“こどもがまんなかの子育て”。胎児期から学童期までのよくある相談を見開きQ&Aで紹介！　2200円

https://www.creates-k.co.jp/